조지스트에게

집값을 잡아야 한다는
거짓말에 관하여

집값의
딜레마

구본기 지음

초록비 책공방

생활경제의 달인 구본기 생활경제연구소장님이 정말 좋은 책을 냈습니다. 여러 방송과 시민사회 활동에서 구본기 소장님은 그동안 일관되게 서민과 중산층의 편에서, 그리고 사회경제적 약자들의 편에서 어려운 민생경제 문제, 주거·부동산 문제에 대한 해법과 대안을 제시해왔습니다.

'집은 사는 것이 아니라 사는 곳'이라는 평범한 진실이 한국 사회에서는 통하지 않고 광범위한 투기와 불로소득의 수단으로 변질되고 왜곡되어왔습니다. 그렇게 주택과 부동산은 더 심각해지는 양극화와 불평등, 민생고의 핵심 원인으로 작용하고 있고, 많은 무주택 서민과 청년들이 절망하고 있습니다. 누군가는 이 악순환의 고리를 끊어야 합니다. 문재인 정부가 부동산 투기와 주택을 통한 불로소득을 차단하고 집값을 하향 안정화하겠다 나선 것은 당연한 일이었습니다.

하지만 생각대로 일이 진행되지 않았고 문재인 정부의 부동산 정책에 대해서는 지금도 치열한 논쟁과 평가가 진행 중에 있습니다. 이런 상황에서 집값 문제와 문재인 정부의 부동산 정책을 심층 분석하고 비평하고 대안을 제시하는 이 책은 유주택자든 무주택자든 대한민국 국민이라면 읽어봐야 할 것입니다.

많은 분이 구본기 소장님이 낸 책이니 믿고 보겠다고 이야기합니다. 저는 여기에 더해 주거·부동산이 더는 투기와 불로소득이 되어서는 안 된다는 점, 무주택 서민 및 청년도 비교적 쉽게 집을 살 수 있어야 하고 쫓겨나지 않고 오래 살 수 있게 보장해야 한다는 철학과 신념이 깃들어 있는 이 책을 강추 강추 강강추 해봅니다.

부디 이 책이 베스트셀러가 되어 한국의 부동산 문제를 바로 잡는 좋은 계기가 되길 빕니다. 특히 우리나라에 넘쳐나는 투기 편향적 언론인들과 집값의 하향 안정화에 대한 의지가 없거나 부족한 일부 정치인, 그리고 시장만 맹신하는 정책 관련자들은 이 책을 꼭 필독해주실 것을 당부드립니다.

          – 안진걸(민생경제연구소장, 상지대 초빙교수)

꼭 나와야 할 책이 나왔습니다. 이 책은 문재인 정부의 부동산 정책을 주제별로 꼼꼼히 쫓아가며 친절하게 설명해줍니다. 왜 그런 정책이 나왔고, 그 정책이 어떤 효과가 있었으며, 부작용과 한계가 무엇인지를 말입니다. 그리고 혹세무민하는 언론의 거짓 주장과 정치인의 황당한 발언에 대해서도 하나하나 또박또박 논박합니다. 문재인 정부에 대한 애정이 가득 담겨 있지만, 무조건 옹호하지도 않습니다. 그러면서 문재인 정부가 현재의 틀을 크게 바꾸지 않고도 실행할 수 있는 대안도 제시합니다.

책 제목처럼 '집값'은 딜레마입니다. 주택가격의 하향 안정화에 대해 집을 소유한 60% 정도의 가구들이 반대합니다. 자기가 소유한 집값이 떨어지는 걸 반길 사람은 거의 없습니다. 반면 40% 정도 되는 무주택 가구는 떨어지길 기대합니다. 이런 양면성이 있기에 정책적으로 선택하기가 어렵다는 것을 저자는 설명합니다.

책에 아쉬운 점이 두 가지가 있습니다. 하나는 '불로소득'의 관점이 흐릿하다는 점입니다. 책에서도 설명하듯이 집을 여러 채 소유하는 이유는 불로소득에 대한 기대 때문입니다. 오늘은 이 집에서 자고 내일은 저 집에서 자려고 다주택을 보유하는 것이 아닙니다. 매입가의 이자를 초과하는 임대수입과 매매차익이 예상되기 때문입니다. 이 불로소득을 환수 및 차단하는 것에 방점을 찍었다면 집값을 내릴 거냐 말거냐의 구도를 극복할 수 있다고 봅니다. 그리고 그 불로소득을 환수하는 것이 사회 전체적으로 왜 중요한지도 친절하게 설명하면 더 좋았겠다는 아쉬움이 남습니다.

그럼에도 이 책은 읽을 가치가 충분합니다. 부동산 정책에 성공하려면 목표가 무엇이어야 하고 어떤 정책을 투사해야 하는지를 알 수 있습니다. 깨어있는 시민들의 일독을 권합니다.

– 남기업(토지+자유연구소 소장)

　　여러분이 '부동산 게임'에 참여하고 있는 '플레이어'라고 가정해봅시다. 이 게임은 4년간 운영이 됐는데 그동안 이뤄진 대규모 업데이트만 수차례에 달합니다. 대부분의 게임 운영진이 그렇듯이 부동산 게임의 운영진인 정부도 업데이트가 이뤄질 때마다 '패치 노트'로 무엇이 바뀌었는지 알려줬죠. 부동산 게임에서 강력한 힘을 발휘하는 다주택자를 '하향'시키기도 하고 무주택자를 위한 계약갱신청구권을 도입해 '캐릭터 상향'을 해주기도 했습니다.

　　하지만 모든 플레이어가 이 패치 노트를 대번에 이해할 수 있는 건 아닙니다. 어떤 플레이어들은 새로운 '패치'의 구멍을 찾아내기도 합니다. 다른 플레이어들이 잘 모르는 부분을 먼저 알고 설명하기도 하죠. "밸런스 패치했다고 공지했는데 운영진들은 게임이나 해보고 하는 소리냐.", "막타 버그 드디어 수정했네.", "타격 게임의 계보를 잇겠다고 초반에 홍보하더니 업데이트를 이렇게 하면 근캐(근거리 공격 캐릭터) 멸종해요." 같은 비판들이죠.

이 책은 부동산 게임의 패치 노트를 설명해주는 '해설집'입니다. '종합부동산세'는 무엇인지 '임대차 3법'은 게임에 어떤 영향을 미쳤는지 알기 쉽게 설명합니다. 나와 다른 '캐릭터'를 키우는 사람들의 입장도 이야기하죠.

이 책은 여기서 한발 더 나아갑니다. 모든 게임 플레이어들이 궁금해하는 "운영진은 대체 무슨 생각을 하는 건가"에 대한 답변도 마련해뒀습니다. 그리고 부동산 게임을 운영하는 그 '운영진'을 위한 조언도 잊지 않습니다.

– 최아름(더스쿠프 건설부동산 기자)

문재인 정부 들어 서울 등 주요 도시의 집값이 가파르게 올랐습니다. 주위 많은 사람이 집을 소유했다는 이유로 수년 사이에 '억!' 소리가 나는 돈을 벌었습니다. 반면 무주택자들은 소위 '벼락 거지(집값 급등에 의한 무주택자들의 상대적 박탈감을 표현하는 신조어)'가 되었습니다. 이제 무주택자들에게 내 집 마련은 '불가능한 꿈'처럼 여겨집니다.

폭등한 집값 만을 두고 따지자면 유주택자들은 문재인 정부의 부동산 정책을 지지하고, 무주택자들은 타박을 해야 마땅합니다. 하지만 이 흥미로운 세상의 셈법은 그리 단순하지가 않습니다. 잠시 주위를 둘러보십시오.

현재 거의 모든 이가 문재인 정부의 부동산 정책을 나무라고 있습니다. 집값이 올라 돈을 번 사람들은 '정부가 집값 잡는 정책을 쓴다'며 뭐라 하고, 내 집 없는 이들은 '정부가 집값 잡는 정책을 제대로 못 쓴다'고 뭐라 합니다. '우리 집값은 다른 사람들이 소유한 집값에 비해 적게 올랐기 때문에 정부의 부동산 정책을 지지하지 않는다'는 유주택자도 있습니다. 요즘 정부의 부동산 정책을 지지하는 이들은 동네 공터 구석에서 네 잎 클로버를 찾는 것만큼이나 어렵습니다. 문재인 정부는 대체 어쩌다가 이런 곤란한 상황에 부닥친 걸까요?

이 책은 문재인 정부의 부동산 정책에 관한 일종의 '요약·해설서'입니다. 과거 한 예능프로그램에서 〈질투〉, 〈사랑을 그대 품 안에〉, 〈네 멋대로 해라〉 등 명작 드라마 전편을 30분 정도로 요약해주는 '명작극장'이라는 코너를 운영한 적이 있습니다. 요즘은 각 방송사가 자사의 유튜브 채널로 '핵심 요약', '전편 정주행' 등의 제목을 단 비슷한 콘셉트의 콘텐츠를 제공하고 있지요. 이 책의 성격이 이와 비슷합니다.

이 책의 첫 장부터 마지막 장까지를 읽어 내려가다 보면 문재인 정부의 부동산 정책 줄거리를 압축해서 이해할 수 있습니다(요약). 한편, 이 책의 화자인 저는 문재인 정부의 부동산 정책을 단순 나열하는 것에만 그치지 않고 해당 정책들이 과연 우리에게 어떠한 의미가 있는지를 설명합니다(해설). 따라서 이 책을 읽는 여러분은 (요약·해설을 통해) 문재인 정부의 부동산 정책 줄거리를 좇는 것과 동시에 대한민국 부동산 시장의 생리와 정책 등에 대한 식견을 넓힐 수가 있습니다.

책은 총 3장으로 구성되었습니다.

1장에서는 문재인 정부의 시작인 2017년 5월부터, 집권 여당인 더불어민주당이 제21대 총선을 거쳐 과반 의석을 획득하며 밀린 부동산 개혁 법안을 발 빠르게 처리하던 2020년 8월까지를 다룹니다.

　　2020년 8월까지의 부동산 시장은 시쳇말로 '혼돈의 카오스'였습니다. 보유세 강화를 위한 종합부동산세법 개정안과 임대차 3법 등 밀린 부동산 개혁 법안들이 국회를 통과하자, 흔들린 콜라가 터져 나오듯 임대인들이 거리로 나와 시위를 벌였습니다. 동시에 문재인 대통령의 국정 수행 평가 여론조사가 첫 데드크로스를 기록했습니다(지금은 그것이 고착화되었지요).

　　지금이야 시간이 좀 지나서 '그땐 그랬지' 싶지만, 그 시절의 저는 '여기서 밀리면 내 살아생전 주택 시장 안정화를 위한 제대로 된 보유세 강화를 보고 죽는 것은 글렀다'고 여겼습니다. 주택 시장 안정화를 위해서는 보유세 강화가 필수입니다. 저는 이를 본문 곳곳에서 언급합니다. 노무현 정부에서 종합부동산세를 설계하며 보유세 강화 카드를 꺼냈다가 정권이 흔들렸는데(이를 흔히 '종합부동산세 트라우마'라고 표현합니다), 문재인 정부마저 비슷한 인상을 남기고 임기를 마치면, 추후 국가 운영을 맡은 다른 대통령은 주택 시장 안정화를 위한 보유세 강화라는 카드를 꺼내기가 앞선 두 대통령보다 더욱 어려울 것이라고 생각했습니다.

마음이 급했습니다. 어떤 대응이라도 해야 했습니다. '희년함께'*
운영진도 같은 생각을 했고, 그 대응의 일환으로 〈부동산 만민공동회
〉라는 제목의 연속 강좌를 열었습니다. 저는 그중 2020년 8월 14일에
열린 4번째 강좌 〈문재인 정부의 부동산 정책 브리핑〉을 맡아 진행했
습니다. 1장에 실린 글은 그 강좌를 보강한 것입니다.

2장은 그 이후의 상황을 정리한 것입니다. 과반 의석을 확보한 더
불어민주당이 잇따라 부동산 개혁 법안들을 처리하자 야당 일부 국회
의원과 보수·경제 신문들이 전방위적으로 문재인 정부의 부동산 정책
을 비판하기 시작했습니다(이는 지금도 계속되고 있습니다). 그 주장들에
대한 반론을 2장에 배치했습니다.

3장에서는 1장과 2장에서 다듬은 논리를 기초로 결론을 도출합
니다. 스포일러를 조금 하자면, 이 책은 '사이다(개운한 느낌)'가 아닌
'고구마(답답한 느낌)'로 끝납니다. 왜 그런지는 본문을 통해 확인하기
바랍니다.

---

* 희년함께 : 성경적 토지 정의 운동을 펼치는 단체로 1984년 '한국헨리조지협회'라는 이름으로 출
범했습니다.

이 책을 쉽게 읽는 '팁'을 안내해드립니다. 책에 정리된 표는 되도록 읽지 마십시오. 특히 1장에 등장하는 몇몇 표는 상당히 복잡한데, 그것들은 부동산 정책을 연구하는 전문가들(즉, 일부 독자들)을 위한 것입니다. 따라서 일반 독자라면 표 안에 담긴 글자나 숫자를 일일이 좇을 필요가 없습니다. 사실 그래도 되는 것이, 어차피 표의 핵심 내용은 본문에서 풀이해놓았습니다. 그러니 한눈에 흐름을 파악하기 어려운 복잡한 표가 나오면 '누적된 정책이 이렇게나 복잡해졌구나!'라고 생각한 후 다음으로 넘어가면 됩니다.

더 나아가 만약 표를 풀이한 부분이 재미가 없다거나 어째 표보다 더 복잡하다고 느껴진다면(대출 규제 강화를 설명하는 부분은 필자인 제가 읽어도 재미가 없습니다) 괘념치 말고 해당 부분을 건너뛰면 됩니다. 그래도 이 책을 이해하는 데는 아무런 문제가 없습니다.

구본기

차 례

1장. 집값을 좌우하는 일곱 가지 키워드

2장. 집값을 둘러싼 전방위 공격

3장. 집값 그래서 어떻게 하죠?

1장

집값을 좌우하는
일곱 가지 키워드

N번 째 부동산 대책의 이유

집값 잡는 정책, 있다? 없다?

퀴즈를 풀어봅시다. 집값 잡는 정책은 과연 있을까요? 없을까요?

❶ 있다. ❷ 없다.

정답은 ❶입니다. 정책은 일종의 룰rule입니다. 룰이란 놀이나 운동 경기 등에서 지키기로 정한 질서나 법칙을 말합니다. 어느 초등학교의 운동회를 예로 들어봅시다. 1학년 철수와 6학년 민수가 100m 달리기 시합을 합니다. 현실에서는 이런 경기가 있을 수 없지만 여기서는 그럴 수 있다고 합시다. 저는 그 시합의 룰을 정하는 사람입니다. 저는 룰을 통해 1학년 철수가 6학년 민수를 이길 수 있도록 할 수 있을까요? 없을까요?

있습니다. 방법은 많습니다. 지금 막 머릿속에 떠오른 걸 하나만 말하자면, 1학년 철수를 6학년 민수보다 먼저 뛰게 하는 겁니다.

"1학년 철수 출발! 6학년 민수는 조금 기다려!"

그다음에는 1학년 철수가 골인 지점에 거의 도달했을 때 외치는 거죠.

"6학년 민수 출발!"

이렇게 하면 1학년 철수는 6학년 민수를 이길 수 있습니다. 이것이 '룰 설계'의 힘입니다.

집값 이야기로 돌아옵니다. 정책은 일종의 룰입니다. 우리는 정부 (및 여당)가 설계하는 특정 정책 아래에서 주택을 사고팝니다. 요컨대 정부는 주택 시장의 '룰 설계자'입니다. 그런 정부는 정책으로 집값을 잡을 수 있을까요? 없을까요?

당연히 있습니다. 이를테면 이런 정책을 펼치면 됩니다.

주택매매 거래 시 매도인의 양도차익 100% 환수

다시 말해 주택을 판 돈에서 해당 주택의 매입액과 수선비용 등을 제외한 나머지 돈 전부를 세금으로 거두어들이는 겁니다. 이런 정책이 시행되면 집값은 바로 잡힙니다. 주택 소유자가 집값을 최대한으로 올려서 팔 동기('주택 매입액 + 수선 비용 등'을 초과한 금액을 집값으로 받을 이유)를 상실하기 때문입니다. 이제 이 정책을 **양도차익 100% 환수제**라고 부르겠습니다.

양도차익 100% 환수제

양도소득세에 대한 기존 세율(기본 세율 6~42%, 2020년 기준)을 극단으로 끌어올리면 양도차익 100% 환수제가 됩니다. 이렇게 이미 시행되고 있는 몇몇 주택 정책의 강도를 '아주 높이는 것만으로도' 집값은 잡을 수 있습니다. 가령 보유세(재산세, 종합부동산세)를 왕창 거둔다거나 대출(주택담보대출, 전세자금 대출 등)을 최대한으로 규제한다거나 하는 방법도 있겠지요.

결국 집값 잡기의 핵심은 '어떤 정책의 강도를 얼마나 높이느냐'에 있습니다. 그런데 국민은 (우리가 잘 아는 것처럼) 고(高) 강도 정책을 싫어합니다. 여기서 정부의 고민이 시작됩니다. 강한 것 한 방이면 집값을 잡을 수 있는데 대다수의 국민은 그것을 원치 않습니다.

이런 주문을 하는 분들도 있습니다.

'인기에 연연하면 안 된다!'
'뚝심 있게 강하게 밀어붙여야 한다!'

하지만 이는 민심을 거스르라는 말과 다름 없습니다. 민심을 거스르고 강한 것 한 방을 행했다가는 다음 대통령 선거에서 그 강한 것 한 방의 폐지를 공약으로 내건 다른 정치 세력에게 정권을 내주어 현 정부 정책의 거의 모든 것이 '말짱 도루묵'이 될 수도 있습니다. 즉 '인기에 연연하면 안 된다!', '뚝심 있게 강하게 밀어붙여야 한다!'라는 말은 세상 물정과 괴리된 순진하거나 무책임한 발언일 수 있습니다.

그럼 생각해봅시다. 정부는 관련 정책의 강도를 어느 수준으로 관리해야 하는 걸까요? 양도소득세의 기본 세율을 5%p로 상향하고 종합부동산세의 최고 세율은 2%p 올리면 되는 걸까요? 겨우 그만큼 올린다고 해서 집값이 잡힐까요? 혹시 국민은 그마저도 '세금 폭탄'이라고 부르며 반대하지 않을까요? 머리가 복잡해집니다. 이런 까다로운 '정무적인 판단'을 배제한 채 마냥 내지른 정책이 바로 '양도차익 100% 환수제'입니다. 양도차익을 100% 환수하면 분명 집값을 잡을 수는 있습니다. 그렇지만 정부는 양도차익 100% 환수제를 '집값 잡는 카드'로 내어놓을 수 없습니다. 국민 대다수가 이 정책에 '절대로' 동의하지 않을 것이기 때문입니다.

부동산 덕후의 문재인 정부 부동산 대책 브리핑

정부가 하도 많은 부동산 대책(부동산 정책 패키지)을 내어놓아서 복잡하기만 하고 뭐가 뭔지 하나도 모르겠다고 푸념하는 분들이 있습니다. 저는 그분들의 심정을 십분 이해합니다. 저 역시 다른 분야에서는 비슷한 말을 하니까요.

가끔 일을 마치고 늦은 저녁에 귀가를 하면 제가 좋아하는 연속극 '본방'은 어김없이 끝나 있습니다. 그럼 그걸 '다시 보기'로 보아야 하는데, 어떤 날은 여러 이유로 그러지를 못합니다. 그렇게 한 화를 놓치고 다음 화 본방을 볼 때는 지난 화 줄거리를 몰라서 뭐가 어떻게 된 건지 도통 감을 잡을 수가 없습니다. 그럴 때면 저는 소파에 삐딱하게 기댄 채로 아내에게 "뭐가 뭔지 하나도 모르겠어!"라고 투정을 부립니다. 그러면 친절한 우리 아내가 제게 지난 화 내용을 요약·정리해줍니다.

정부의 각종 부동산 대책에는 TV 연속극과 같은 '맥락'이 있습니다. 저는 정부가 새로운 부동산 대책을 발표할 때마다 TV와 라디오 등에 출연하여 논평을 하는 사람입니다. 만약 현 정부의 부동산 대책을 연속극이라고 가정하면, 저는 그걸 1화부터 최신화까지 아주 집중해서 본 소위 '연속극 덕후(부동산 덕후)'입니다. 그런 제가 지금부터 할 건 다름 아닌 '문재인 정부의 부동산 대책 브리핑'입니다. 일단 우리는 7가지 키워드에 관한 사건을 발생 시간순으로 살필 겁니다.

이 7가지가 왜 주요 키워드인지는 각 키워드를 다룰 때 설명하도록 하겠습니다. 지금은 그냥 '이것들이 집값 문제의 주요 키워드'라고 생각하면 됩니다. 각 키워드와 관련한 사건을 쭉 살핀 후에는 그것들을 한대 모아서 종합적인 해설을 하겠습니다.

이 브리핑이 끝나면 여러분은 현 정부의 부동산 대책이 어떤 과정을 거쳐서 지금 어디에 와 있는지를 입체적으로 파악할 수 있을 것입니다. 제 아내가 저에게 지난 화 연속극의 흐름을 설명해주었듯 현 정부의 부동산 대책에 담긴 맥락 등을 잘 요약·정리하여 최대한 쉽게 전달하겠습니다. 갈 길이 멉니다. 바로 시작합니다.

부동산 정책의 나침반

집값에 대해 논할 때 가장 먼저 고려해야 할 게 뭘까요? 투기 심리? 기준금리 향방? 강남 아파트 가격?

아닙니다. 어떤 정치 세력이 어느 정도의 정치권력을 획득하였는지 등과 같은 정치 지형입니다. 정책(정치적 목적을 실현하기 위한 방책)이 집값에 미치는 영향이 실로 지대하기 때문입니다. 우린 이에 대한 내용을 앞서 '양도차익 100% 환수제'를 통해 살핀 바 있습니다.

제19대 대통령 선거

2017년 5월 9일부터 시작해봅시다. 그날은 제19대 대통령 선거일입니다. 더불어민주당 문재인 후보가 41.08%의 득표율로 대한민국 대통령에 당선됩니다.* 당시 정당별 국회의원 의석수는 다음과 같습니다.

더불어민주당	120석
자유한국당	107석
국민의당	40석
바른정당	20석
정의당	6석
새누리당	1석
무소속	5석

제21대 국회의원 선거

시간이 흐릅니다. 2020년 4월 15일입니다. 제21대 국회의원 선거가 치러졌습니다. 집권 정당인 더불어민주당이 과반 의석 획득에 성공합니다. 정당별 의석수는 다음과 같습니다.

더불어민주당	180석(더불어시민당 17석 포함)
자유한국당	103석(미래한국당 19석 포함)
정의당	6석
국민의당	3석
열린민주당	3석
무소속	5석

---

* 2위 홍준표(자유한국당): 24.03%, 3위 안철수(국민의당): 21.41%, 4위 유승민(바른정당) 6.76%, 5위 심상정(정의당): 6.17%

지금까지 살핀 내용을 정리한 타임라인입니다.

2017	2018	2019	2020

2017.05.09
제19대 대통령 선거
더불어민주당 문재인 후보 당선
정당별 국회의원 의석수
더불어민주당 120석
자유한국당 107석
국민의당 40석
바른정당 20석
정의당 6석
새누리당 1석
무소속 5석

2020.04.15
제21대 국회의원 선거
정당별 국회의원 의석수
더불어민주당 180석(더불어시민당 17석 포함)
미래통합당 103석(미래한국당 19석 포함)
정의당 6석
국민의당 3석
열린민주당 3석
무소속 5석

키워드 2 : 대출

뛰는 정부 위에 나는 재테크족

왜 대출인가?

두 번째 키워드는 '대출'입니다. 주식 투자는 용돈으로도 할 수가 있습니다. 5,000원짜리 주식도 있고, 1만 원짜리 주식도 있기 때문입니다. 하지만 이 정도로 싼 부동산은 없습니다. 부동산 투자를 하려면 최소 수천만 원의 돈이 필요합니다. 제대로 하려면 수억 원의 돈이 필요합니다. 즉 현금 부자가 아니라면 부동산 투자를 하기 위해 반드시 빚이 필요합니다. 다시 말해 대출은 보통 사람들이 부동산 투자 시장에 진입하기 위한 거의 유일한 '입장권'입니다.

지금 이 기제를 이해하면 집값을 잡는 가장 즉각적인 정책이 무엇인지 쉽게 유추할 수 있습니다. 바로 대출을 조이는 것입니다. 시세 차익을 목적으로 집을 사고파는 부동산 투자자들이 빌릴 수 있는 돈의 규모를 확 줄여서, 아예 그들이 부동산 투자 시장에 진입하지 못하게(그래서 부동산 시장이 과열되지 않게) 하는 겁니다.

문재인 정부의 부동산 대출 규제 흐름

지금부터 정부의 대출 규제 흐름을 'LTV'와 '전세자금 대출'을 중심으로 살필 겁니다. LTV는 Loan to value ratio의 줄임말로 '주택담보대출비율', '담보인정비율' 등으로 불립니다. 이름 그대로 LTV란 주택을 담보로 돈을 빌릴 때 인정되는 대출의 비율을 뜻합니다.

가령 LTV가 70%이면, 3억 원짜리 주택을 담보로 은행에서 빌릴 수 있는 최대 금액은 2억 1,000만 원(3억 원의 70%)입니다. 전세자금 대출이 무엇인지는 다들 아실 테니 따로 설명하지 않겠습니다.

첫 부동산 대책 발표

시계를 뒤로 돌립니다. 2017년 6월 19일입니다. 문재인 정부의 첫 번째 부동산 대책이 발표됩니다. 그때의 대출 규제 정책은 다음과 같이 요약됩니다.

> 조정대상지역의 LTV를 10%p 낮춘다.

조정대상지역, 투기과열지구, 투기지역

자세한 설명 전에 조정대상지역이 무엇인지부터 알아봅시다. 정부의 부동산 규제 강도는 크게 3단계로 구분됩니다(물론 자세히 따지자면 더 많습니다. 이 책은 자세한 내용 모두를 다루지는 않습니다). 조정대상지역과 투기과열지구, 투기지역이 바로 그것입니다.

투기과열지구는 투기지역을 포함하고, 조정대상지역은 투기지역과 투기과열지구를 포함합니다. 흔히 이것들을 한대 묶어 '규제지역'이라고 부르고(결국 규제지역은 조정대상지역과 같은 말입니다), 규제가 없는 지역은 '규제지역 외(外)' 또는 '조정대상지역 외(外)'라고 부릅니다. 매운 맛으로 비유하자면 조정대상지역이 매운 맛 1단계이고, 투기과열지구가 매운맛 2단계, 투기지역이 매운 맛 3단계입니다. 이를 그림으로 표현하면 다음과 같습니다.

조정대상지역, 투기과열지구, 투기지역의 이야기가 나올 때 '그게 뭐였더라?' 생각하며 본 페이지로 돌아오지 않을 수 있도록 위 그림을 당분간 책 오른쪽 상단에 고정해두겠습니다.

2020년 8월 기준 규제지역 지정 현황

● 조정대상지역

• 서울 : 전 지역

• 경기 : 전 지역(일부 지역* 제외)

> * 김포, 파주, 연천, 동두천, 포천, 가평, 양평, 여주, 이천, 용인처인(포곡읍, 모현 · 백암 · 양지면, 원삼면 가재월 · 사암 · 미평 · 좌항 · 두창 · 맹리), 광주(초월 · 곤지암읍, 도척 · 퇴촌 · 남종 · 남한산성면), 남양주(화도읍 · 수동면 · 조안면), 안성(일죽면, 죽산면 죽산 · 용실 · 장계 · 매산 · 장릉 · 장원 · 두현리, 삼죽면 용월 · 덕산 · 율곡 · 내장 · 배태리)

- 인천 : 전 지역(강화·옹진 제외)

- 지방 : 세종(행복도시 예정지역만 지정), 대전, 청주(동 지역, 오창·오송읍

  만 지정)

● 투기과열지역

- 서울 : 전 지역

- 경기 : 과천, 성남분당·수정, 광명, 하남, 수원, 안양, 안산단원, 구리,

  군포, 의왕, 용인수지·기흥, 화성(동탄2만 지정)

- 인천 : 연수, 남동, 서구

- 지방 : 대구 수성, 세종(행복도시 예정지역만 지정), 대전 동·중·서·유성

● 투기지역

- 서울 11개 구(강남, 서초, 송파, 강동, 용산, 성동, 노원, 마포, 양천, 영등포, 강

  서) 및 세종(행복도시 예정지역만 지정)

조정대상지역 LTV 60%, 조정대상지역 외 LTV 70%

6.19 부동산 대책 이전의 대한민국 모든 지역 LTV는 70%였습니다.* 대출 규제라는 것이 거의 없었지요. 우리가 박근혜 정부의 부동산

---

* LTV가 지역에 상관없이 70%가 된 건 2014년 7월 24일에 발표된 '7.24 부동산 대책'부터입니다. 그 이전에는 서울 지역은 50%, 경기인천 지역은 60% 등으로 관리되고 있었습니다.

대책 기조를 '빚내서 집 사라'로 기억하는 이유가 여기에 있습니다. 그것이 6.19 부동산 대책에 의해 조정대상지역 LTV는 60%로, 조정대상지역 외 LTV는 70%로 양분됩니다.

서민 · 실수요자는 우대한다

엄밀히 따지자면 당시의 조처는 양분화가 아니었습니다. '서민·실수요자*에게는 기존 LTV를 유지한다는(10%p를 완화해준다는)' 예외 규정을 두었기 때문입니다. 이러한 완화 규정 덕에 서민·실수요자는 6.19 부동산 대책 시행 후에도 지역에 상관없이 70%의 LTV를 적용 받아 주택담보대출을 받을 수 있었습니다. 6.19 부동산 대책 이후의 LTV 규제 사항을 표로 정리하면 다음과 같습니다.

6.19 부동산 대책 이후 LTV 규제 사항

■ 신규 규제

구분	조정대상지역[1] LTV	조정대상지역 외 LTV
서민·실수요자[2](완화)	70%	70%[3]
서민·실수요자 외(기본)	60%	70%

1) 투기지역, 투기과열지구를 포함
2) ① 무주택세대주, ② 부부합산 연 소득 6천만 원(생애최초주택 구입자 7천만 원), ③ 주택 가격: 5억 원 이하의 요건을 모두 충족하는 경우
3) 조정대상지역 외 LTV에는 서민·실수요자 10%p 완화 규정을 적용하지 않음

---

* 서만실수요자 기준 : ① 부부합산 연 소득 6천만 원(생애최초주택 구입자 7천만 원) 이하, ② 주택 가격 5억 원 이하, ③ 무주택세대주

본격적인 부동산 대출 규제 시작

6.19 부동산 대책이 발표되고 약 2달 후에 8.2 부동산 대책이 발표됩니다. 이 부동산 대책부터 본격적인 부동산 대출 규제가 시작됩니다. 크게 2가지가 바뀝니다.

첫째, '투기지역'의 주택담보대출 건수가 '세대당 1건'으로 제한됩니다. 8.2 부동산 대책 이전에는 '투기지역'의 주택담보대출 건수 제한이 '차주당(돈을 빌려 쓴 사람당) 1건'이었습니다. 한 세대 내에서 세대원을 다르게 해 '투기지역에서' 여러 건의 주택담보대출을 일으킬 수 있었던 것입니다. 가령 엄마와 아들이 같은 세대를 구성할 경우, 엄마가 투기지역에서 주택담보대출을 받았어도 아들 명의로 투기지역 내 주택담보대출을 추가로 받을 수 있었습니다. 이러한 현상을 막기 위해 '차주당 1건'인 규정을 '세대당 1건'으로 고쳐서 주택담보대출을 더욱 조입니다.

둘째, '투기지역과 투기과열지구'의 LTV를 기존 60%에서 40%로 낮춥니다. 이번에도 6.17 부동산 대책과 마찬가지로 서민·실수요자의 LTV는 10%p를 완화하는 정책을 펼칩니다. 즉 8.2 부동산 대책 이후 서민·실수요자가 '투기지역과 투기과열지구'에서 적용받는 LTV는 40%

가 아닌 40%에 10%p를 더한 50%가 됩니다.

한편, 8.2 부동산 대책에서는 '서민·실수요자 LTV 10%p 완화에 대칭되는 정책'도 등장합니다. 주택담보대출을 이미 받은 세대가 추가로 주택담보대출을 받을 경우 모든 지역*에서 LTV를 10%p 강화하기로 한 것입니다.

요컨대 서민·실수요자의 LTV는 기본에서 10%p 완화하여 적용하고, 주택담보대출을 1건 이상 보유한 세대가 추가로 주택담보대출을 받을 경우 LTV를 기본에서 10%p 강화하여 적용하는 '다소 복잡한 형태의' LTV 규제가 시작됩니다. 이를 표로 정리하면 다음과 같습니다.

8.2 부동산 대책 이후 LTV 규제 사항

■ 신규 규제

구분	투기지역· 투기과열지구	조정대상지역[1] LTV	조정대상지역 외 LTV
(완화) 서민·실수요자[2]	50%	70%[3]	70%[3]
(기본) 주택담보대출 미보유 세대	40%	60%	70%
(강화) 주택담보대출 기보유 세대	30%	50%	60%

1) 투기지역, 투기과열지구를 포함하지 않음
2) 투기지역·투기과열지구에서는 ① 무주택세대주, ② 부부합산 연 소득 7천만 원(생애최초주택 구입자 8천만 원), ③ 주택 가격 6억 원 이하, 조정대상지역에서는 ① 무주택세대주, ② 부부합산 연 소득 6천만 원(생애최초주택 구입자 7천만 원) 이하, ③ 주택 가격 5억 원 이하의 요건을 모두 충족하는 경우
3) 조정대상지역 외 LTV에는 서민·실수요자 10%p 완화 규정을 적용하지 않음

---

*   투기지역, 투기과열지구, 조정대상지역, 조정대상구역 외

전방위로 압박하는 대출 규제

8.2 부동산 대책 발표 약 1년 1개월 후인 2018년 9월 13일 정부가 새로운 부동산 대책을 내놓습니다. 바로 이때부터 사람들이 '줄거리 쫓기를 포기할 만큼' 부동산 대출 정책이 복잡하게 꼬입니다. 먼저 가계 대출 중 주택담보대출에 관한 것 3가지를 살핍니다.

첫째, 2주택 이상 보유 세대는 '규제지역' 내 신규주택 구입을 위한 주택담보대출이 '예외 없이' 금지됩니다. 즉 2주택 이상 보유 세대의 규제지역 내 LTV는 0%가 됩니다.

둘째, 1주택 보유 세대도 규제지역 내 신규주택 구입을 위한 주택담보대출이 금지됩니다(LTV 0%). 단, 2주택 이상 보유 세대와는 다르게 예외가 인정됩니다. 기존 주택을 2년 이내에 처분하는 등의 약정을 하면⟨1⟩, 주택담보대출을 받을 수가 있습니다.*

셋째, 규제지역 내 고가주택(공시가격 9억 원 초과) 구입 시 '무주택 세대는 주택 구입 후 2년 내에 전입하거나', '1주택 보유 세대가 기존 주택을 2년 이내 처분하겠다는 약정을 하는 경우[1]' 등을 제외하고는

---

* 약정 위반 시 대출을 즉각 회수하고 주택 관련 신규대출을 3년간 제한합니다.

주택담보대출이 금지됩니다.*

기업 대출에도 LTV 적용

이번에는 '기업 대출'의 변화를 살핍니다. 실은 이게 9.13 부동산 대책에서 가장 중요한 부분입니다. 이전까지 정부가 내어놓은 LTV 규제는 가계 대출에만 적용되었습니다. 이에 영민한 부동산 투자자들이 다음의 꾀를 내어 정부 규제에 대응하고 있었습니다.

> 임대사업자로 등록을 해서 (가계 대출이 아닌)
> '기업 대출'을 일으켜 정부의 LTV 규제를 피한다.
> (금융회사들은 기업 대출에 대해 60~80%의 LTV를 자율로 적용하고 있었음)

이를 인지한 정부가 9.13 부동산 대책부터 임대사업자의 '기업 대출'에도 LTV를 도입하기로 한 것입니다. 내용은 아래와 같습니다.

첫째, 투기지역·투기과열지구의 주택을 담보로 하는 임대사업자의 주택담보대출에 LTV 40%를 도입합니다.

둘째, 임대사업자가 투기지역·투기과열지구 내 고가주택(공시가격 9억 원 초과)을 신규로 구입하기 위해 주택담보대출을 받는 것을 원천

---

* 약정 위반 시 대출을 즉각 회수하고 주택 관련 신규대출을 3년간 제한합니다.

적으로 금지합니다.

셋째, 주택담보대출(가계 대출, 기업 대출)을 이미 받은 임대사업자가 투기지역 내에서 주택 취득 목적으로 주택담보대출 받는 것을 금지합니다.

전세자금 대출 규제 시작

여기서 끝이 아닙니다. 9.13 부동산 대책부터는 전세자금 대출에도 규제가 가해집니다. 다주택자들이 전세자금 대출을 이용해 집을 사모으는 현상 역시 정부가 인지한 것입니다.

가령 이런 식입니다. 시세 10억 원짜리 집을 두 채 가진 A가 있습니다. A는 그중 한 채는 전세를 주고, 다른 한 채에는 본인이 살고 있습니다. A는 요즘 집을 더 사 모으고 싶습니다. 그런데 지난 8.2 부동산 대책에 의해 LTV가 대폭 축소되어 주택담보대출을 받아 추가로 집을 구매하기가 어려워졌습니다.

여기서 굴할 A가 아닙니다. A는 돌파구를 찾아냅니다. 본인이 살던 시세 10억 원짜리 집을 B에게 7억 원으로 전세를 놓고, 자신은 그 전세금 7억 원으로 새로운 집을 사는 데 쓰는 겁니다! 그럼 A는 거리에 나 앉는 거 아니냐고요? 아닙니다. A는 전세자금 대출을 받아서 본인이 살 집을 전세로 얻으면 됩니다. 어떤가요? 요즈음 부동산 투자자들, 정말 똑똑하죠?

9.13 부동산 대책에 담긴 전세자금 대출에 대한 규제는 다음 4가

지입니다.

첫째, 2주택 이상자(부부 합산)는 모든 지역의 전세자금 대출에 대한 공적·사적 보증이 금지됩니다(이 대책 이전까지는 주택 보유 수와 무관하게 보증이 제공되었습니다).*

둘째, 1주택자는 부부합산 소득 1억 원 이하까지만 공적 보증을 제공합니다.

셋째, 무주택자는 소득과 상관없이 공적·사적 보증을 제공합니다.

넷째, 전세자금 대출에 대해 금융회사가 1년마다 실거주 및 주택 보유 수 변동 여부를 확인합니다. 그 결과 실거주를 하고 있지 않을 경우에는 전세자금 대출을 즉각 회수하고, 전세자금 대출을 받은 후에 집을 새로 구매하여 2주택 이상이 되면 공적 전세 보증의 연장을 제한합니다(단, 전세 보증 만기 전에 1주택 초과분을 처분하면 만기 연장 가능).

---

* 보통의 전세자금 대출은 주택금융공사외 주택도시보증공사, 서울보증보험의 '전세자금 대출 보증'을 통해 이루어집니다(일부 은행에서는 임차보증금에 대한 담보 설정 또는 신용대출 형태로도 운영 중). 주택금융공사와 주택도시보증공사는 ('공사(公社)'라는 이름에 드러난 것처럼) 정부에서 운영하는 공적 보증 기관이고, 서울보증보험은 민간 보증 기관입니다.

9.13 부동산 대책 이후 가계 대출 LTV 규제 사항

■ 신규 규제

주택 가격	구분		투기지역·투기과열지구 LTV	조정대상지역[1] LTV	조정대상지역 외 LTV
고가주택 기준[2] 이하 주택 구입 시	서민·실수요자[3]		50%	70%	70%[4]
	무주택 세대		40%	60%	70%
	1주택 보유 세대	원칙	0%	0%	60%
		예외	40%	60%	
	2주택 이상 보유 세대		0%	0%	60%
고가주택 구입 시	무주택 세대	원칙	0%	0%	70%
		예외	40%	60%	
	1주택 보유 세대	원칙	0%	0%	60%
		예외	40%	60%	
	2주택 이상 보유 세대		0%	0%	60%

1) 투기지역, 투기과열지구를 포함하지 않음
2) 공시가격 9억 원 초과
3) 투기지역·투기과열지구에서는 ① 무주택세대주, ② 부부합산 연 소득 7천만 원(생애최초주택 구입자 8천만 원) 이하, ③ 주택 가격 6억 원 이하, 조정대상지역에서는 ① 무주택세대주, ② 부부합산 연 소득 6천만 원(생애최초주택 구입자 7천만 원) 이하, ③ 주택 가격 5억 원 이하의 요건을 모두 충족하는 경우
4) 조정대상지역 외 LTV에는 서민·실수요자 10%p 완화 규정을 적용하지 않음

9.13 부동산 대책 이후 실거주 요건

	일반주택 (공시가격 9억 원 이하)		고가주택 (공시가격 9억 원 초과)	
무주택자	조정대상지역	-	조정대상지역	구입 후 2년 내 전입
	투기과열지구		투기과열지구	
	투기지역		투기지역	
1주택자	조정대상지역	2년 이내 처분	조정대상지역	기존 주택을 2년 내 처분
	투기과열지구		투기과열지구	
	투기지역		투기지역	

9.13 부동산 대책 이후 기업 대출[1] LTV 규제 사항

■ 신규 규제

주택 가격	구분	투기 지역[1] LTV	투기과열 지구[2] LTV	조정대상 지역[3] LTV	조정대상 지역 외 LTV
고가주택[4] 기준 이하 주택 구입 시	주택담보대출 미보유	40%	40%	규제 없음	규제 없음
	주택담보대출 기보유	0%	40%	규제 없음	규제 없음
고가주택 구입 시	주택담보대출 미보유	0%	0%	규제 없음	규제 없음
	주택담보대출 기보유	0%	0%	규제 없음	규제 없음

1) 주택임대사업자
2) 투기지역을 포함하지 않음
3) 투기지역, 투기과열지구를 포함하지 않음
4) 공시가격 9억 원 초과

9.13 부동산 대책 이후 전세자금 대출 규제 사항

[기 존]

보증 기관	공적 보증 기관		사적 보증 기관
	주택금융공사	주택도시보증공사	서울보증보험
주택 보유 수	없음		
소득 요건	없음		

[개 선]

보증 기관	공적 보증 기관		사적 보증 기관
	주택금융공사	주택도시보증공사	서울보증보험
주택 보유 수	2주택 이상 다주택자 제한		
소득 요건	1주택자의 경우 부부 합산 소득 1억 원 이하		없음

1년마다 실거주 및 주택보유 수 변동 여부를 확인 : ① 실거주를 하고 있지 않을 경우 전세자금 대출 즉
각 회수, ② 전세자금 대출을 받은 후에 집을 새로 구매하여 2주택 이상이 되면 공적 전세 보증의 연장을 제한
(단, 전세 보증 만기 전에 1주택 초과분을 처분하면 만기 연장 가능)

2019.10.1

9.13 부동산 대책의 보완

이번에 살필 부동산 대책은 2019년 10월 1일에 발표된 10.1 부동산 대책입니다. 2018년 9월 13일에 발표된 9.13 부동산 대책 이후 약 1년 1개월 만에 나온 부동산 대책입니다. 10.1 부동산 대책에서의 대출 규제는 지난 9.13 부동산 대책에 담긴 대출 규제의 구멍(?)을 메우는 데 초점이 맞추어져 있습니다.

앞의 내용을 잠깐 복습해봅시다. 정부는 2018년 8.2 부동산 대책으로 서울 등의 투기지역, 투기과열지구 LTV를 기존 70%에서 기본 40%로 낮췄습니다. 그러자 사람들이 어떻게 반응했죠? 부동산 투자자들이 '아! 이제는 주택담보대출을 받기가 어렵구나!'라고 생각하면서 부동산 투자 시장으로 들어오길 포기했나요? 아니죠? 바로 꼼수들을 개발했죠?

그중 한 가지가 (8.2 부동산 대책의 LTV 규제는 가계 대출에만 적용이 되니) 임대사업자로 등록을 해서 (가계 대출이 아닌) '기업 대출'을 일으킨 거였습니다. 그걸 인지한 정부가 2018년 9월 13일에 9.13 부동산 대책을 내어놓으며 임대사업자의 '기업 대출'에도 LTV를 도입하기로 했습니다. 이번 10.1 부동산 대책의 대출 규제는 그 이후의 상황입니다.

구멍 메우기

10.1 부동산 대책에서 정부는 부동산 투자 시장의 소위 '꾼'들이 개발해낸 주택담보대출 꼼수에 다각도로 대응합니다. 구체적인 내용은 다음과 같습니다.

첫째, 투기지역·투기과열지구의 주택을 담보로 하는 주택매매 사업자의 주택담보대출에 LTV 40%를 도입합니다(이전까지는 임대사업자의 주택담보대출만 규제했습니다).

둘째, 투기지역·투기과열지구의 주택을 담보로 하는 법인 임대사업자·주택매매 사업자의 주택담보대출에도 LTV 40%를 도입합니다(이전까지는 개인사업자의 주택담보대출만 규제했습니다).

셋째, 규제지역의 부동산담보신탁을 활용한 수익권증서 담보대출*에도 LTV 규제를 적용합니다(투기지역·투기과열지구 40%, 조정대상지역 60%).

전세자금 대출을 이용한 갭투자 축소 유도

전세자금 대출 규제에도 더 힘을 씁니다. 9.13 대책에서는 '2주택

---

* **수익권증서 담보대출 흐름** : ① 주택 소유자가 주택을 신탁회사에 신탁하고 수익권증서 수취 → ② 주택 소유자가 수익권증서를 금융회사에 양도 → ③ 금융회사가 수익권증서를 담보로 최대 LTV 80% 대출을 실행

이상 보유 가구'는 공적·사적 보증을 제한하고, '부부합산 소득이 1억 원 초과 1주택 가구'는 공적 보증을 제한했었습니다. 10.1 부동산 대책에서는 더 나아가 고가주택(시가 9억 원 초과)을 보유한 1주택자에 대해서도 공적 보증을 제한합니다.

이렇게 누적된 LTV 및 전세자금 대출 규제를 한 곳에 모으면 다음의 표와 같습니다.

10.1 부동산 대책 이후 가계 대출 LTV 규제 사항

■ 신규 규제

주택 가격	구분		투기지역·투기과열지구 LTV	조정대상지역[1] LTV	조정대상지역 외 LTV
고가주택기준[2] 이하 주택 구입 시	서민·실수요자[3]		50%	70%	70%[4]
	무주택 세대		40%	60%	70%
	1주택 보유 세대	원칙	0%	0%	60%
		예외	40%	60%	
	2주택 이상 보유 세대		0%	0%	60%
고가주택 구입 시	무주택 세대	원칙	0%	0%	70%
		예외	40%	60%	
	1주택 보유 세대	원칙	0%	0%	60%
		예외	40%	60%	
	2주택 이상 보유 세대		0%	0%	60%

1) 투기지역, 투기과열지구를 포함하지 않음
2) 공시가격 9억 원 초과
3) 투기지역·투기과열지구에서는 ① 무주택세대주, ② 부부합산 연 소득 7천만 원(생애최초주택 구입자 8천만 원),
   ③ 주택 가격 6억 원 이하, 조정대상지역에서는 ① 무주택세대주, ② 부부합산 연 소득 6천만 원(생애최초주
   택 구입자 7천만 원), ③ 주택 가격 5억 원 이하의 요건을 모두 충족하는 경우
4) 조정대상지역 외 LTV에는 서민·실수요자 10%p 완화 규정을 적용하지 않음

10.1 부동산 대책 이후 부동산담보신탁을 활용한 수익권증서 담보대출 LTV 규제 사항

■ 신규 규제

구분	투기지역·투기과열지구 LTV	조정대상지역[1] LTV	조정대상지역 외 LTV
수익권증서 담보대출	40%	60%	규제 없음

1) 투기지역, 투기과열지구를 포함하지 않음

10.1 부동산 대책 이후 기업 대출[1] LTV 규제 사항

■ 신규 규제

주택 가격	구분	투기지역 LTV	투기과열지구[2] LTV	조정대상지역[3] LTV	조정대상지역 외 LTV
고가주택[4] 기준 이하 주택 구입 시	주택담보대출 미보유	40%	40%	규제 없음	규제 없음
	주택담보대출 기보유	0%	40%		
고가주택 구입 시	주택담보대출 미보유	0%	0%		
	주택담보대출 기보유	0%			

1) 개인인 주택임대사업자·주택매매 사업자, 법인인 주택임대사업자·주택매매 사업자
2) 투기지역을 포함하지 않음
3) 투기지역, 투기과열지구를 포함하지 않음
4) 공시가격 9억 원 초과

10.1 부동산 대책 이후 실거주 요건

		일반주택 (공시가격 9억 원 이하)		고가주택 (공시가격 9억 원 초과)	
무주택자	조정대상지역	-		조정대상지역	구입 후 2년 내 전입
	투기과열지구			투기과열지구	
	투기지역			투기지역	
1주택자	조정대상지역	2년 이내 처분		조정대상지역	기존 주택을 2년 내 처분
	투기과열지구			투기과열지구	
	투기지역			투기지역	

10.1 부동산 대책 이후 전세자금 대출 규제 사항

[기 존]

보증 기관	공적 보증 기관		사적 보증 기관
	주택금융공사	주택도시보증공사	서울보증보험
주택 보유 수	2주택 이상 다주택자 제한		
소득 요건	1주택자의 경우 부부 합산 소득 1억 원 이하		없음

1년마다 실거주 및 주택보유 수 변동 여부를 확인 : ① 실거주를 하고 있지 않을 경우 전세자금 대출 즉각 회수, ② 전세자금 대출을 받은 후에 집을 새로 구매하여 2주택 이상이 되면 공적 전세 보증의 연장을 제한(단, 전세 보증 만기 전에 1주택 초과분을 처분하면 만기 연장 가능)

[개 선]

보증 기관	공적 보증 기관		사적 보증 기관
	주택금융공사	주택도시보증공사	서울보증보험
주택 보유 수	2주택 이상 다주택자 제한		
고가주택 보유	고가주택(시가 9억 원 초과)을 보유한 1주택자		없음
소득 요건	1주택자의 경우 부부 합산 소득 1억 원 이하		

1년마다 실거주 및 주택보유 수 변동 여부를 확인 : ① 실거주를 하고 있지 않을 경우 전세자금 대출 즉각 회수, ② 전세자금 대출을 받은 후에 집을 새로 구매하여 2주택 이상이 되면 공적 전세 보증의 연장을 제한(단, 전세 보증 만기 전에 1주택 초과분을 처분하면 만기 연장 가능)

매운 맛 2단계 - 대출 규제 더 조이기

10.1 부동산 대책 발표 이후 2달 하고 보름 만에 12.16 부동산 대책이 나옵니다. LTV 규제는 다음과 같이 강화됩니다.

첫째, 투기지역·투기과열지구 내 초고가 아파트(시가 15억 원 초과)의 주택담보대출을 금지합니다. 이 규제는 가계·개인사업자·법인 등 모든 차주에 대하여 적용됩니다. 앞서 10.1 부동산 대책에서 규제의 구멍을 찾은 걸 정부가 십분 활용하기 시작한 것입니다. 여기서 주의해야 할 게 있습니다. 12.16 부동산 대책에서 규제를 하는 것이 초고가 '주택'이 아닌 초고가 '아파트'라는 점입니다. 주택 투기 대상이 주로 아파트임을 반영한 조처입니다.

둘째, 가계·개인사업자·법인 등 모든 차주의 투기지역·투기과열지구 내 주택담보대출에 대하여 시가 9억 원 기준으로 주택 가격 구간별 LTV 규제 비율을 차등 적용합니다. 9억 원 이하 분은 40%의 LTV가, 초과 분은 20%의 LTV가 적용됩니다. 예컨대 무주택자가 투기과열지구에 14억 원짜리 주택을 매입하게 된다면 주택담보대출의 한도는 다음과 같습니다.

$$9억 원 \times 40\% + 5억 원 \times 20\% = 4.6억 원$$

(기존 : 14억 원 × 40% = 5.6억 원)

셋째, 조정대상지역 내 1주택 세대의 주택담보대출 시 실수요 요건을 강화합니다. 기존에는 조정대상지역 내(투기과열지구와 투기지역을 포함) 1주택 세대는 '기존 주택을 2년 내 처분'하는 조건으로 주택담보대출이 가능했습니다(36쪽 〈1〉 참조). 그걸 투기지역과 투기과열지구에서 '1년 내 처분 및 전입 의무를 조건'으로 대출이 가능하도록 바꿉니다. 〈2〉

고가주택 기준 개선과 고가주택 구입 시 대출 규제 강화

고가주택의 기준도 개선합니다. 이전의 고가주택 기준은 공시가격 9억 원이었습니다. 그걸 시가 9억 원으로 바꿉니다(이 조처로 LTV 규제와 전세자금 대출 규제의 고가주택 기준이 '시가'로 같아집니다).

또한 기존에는 규제지역 내 고가주택 구입 시 '무주택 세대는 주택 구입 후 2년 내에 전입하겠다는 약정을 해야만 주택담보대출이 가능'했는데(36쪽 [1] 참조), 그것을 무주택자가 투기과열지구와 투기지역 내 고가주택을 구입할 시에는 '1년 내에 전입을 하는 것'으로 변경합니다. [2]

사업자 대출 더 조이기

사업자 대출의 고삐도 조입니다. 12.16 부동산 대책 이전까지는 주택임대업·주택매매업 이외의 업종을 영위하는 사업자에 대해서는 투기지역 내에서 주택 구입 목적의 주택담보대출을 취급하는 것이 금지되어왔습니다. 그 적용 범위를 투기과열지구까지 넓힙니다.

전세자금 대출을 이용한 갭투자 축소하기

전세자금 대출도 더욱 조입니다. 크게 2가지가 바뀝니다.

첫째, 고가주택(시가 9억 원 초과)을 보유한 1주택자에 대해 공적 보증을 제한하던 것을 서울보증보험에 협조 요청을 하여 사적 보증에도 도입합니다.

둘째, 기존에는 전세자금 대출을 받은 후에 집을 새로 구매하여 2주택 이상이 되면 공적 전세 보증의 연장을 제한했습니다(단, 전세 보증 만기 전에 1주택 초과분을 처분하면 만기 연장 가능). 그걸 전세자금 대출을 받은 후 시가 9억 원 초과의 주택을 매입하거나(1주택자의 전세자금 대출도 규제 시작!) 2주택 이상의 자가 되는 경우에는 전세자금 대출을 회수하는 것으로 바꾸었습니다. 이상의 내용을 다시 정리하면 다음과 같습니다.

12.16 부동산 대책 이후 가계 대출 LTV 규제 사항

■ 신규 규제

목적	가격 (시가)	구분		투기지역·투기과열지구 LTV	조정대상 지역1) LTV	조정대상 지역 외 LTV
아파트 구입	15억 원 초과	무주택 세대		0%	60%	70%
		1주택 보유 세대	원칙	0%	0%	60%
			예외	0%	60%	60%
		2주택 이상 보유 세대		0%	0%	60%
	15억 원 이하 ~ 9억 원 초과	무주택 세대	원칙	0%	0%	70%
			예외	9억 원 초과 분 20%	60%	
				9억 원 이하 분 40%		
		1주택 보유 세대	원칙	0%	0%	60%
			예외	9억 원 초과 분 20%	60%	
				9억 원 이하 분 40%		
		2주택 이상 보유 세대		0%	0%	60%
	9억 원 이하	서민·실수요자2)		50%	70%	70%3)
		무주택 세대		40%	60%	70%
		1주택 보유 세대	원칙	0%	0%	60%
			예외	40%	60%	60%
		2주택 이상 보유 세대		0%	0%	60%
아파트 구입 외	9억 원 초과	무주택자	원칙	0%	0%	70%
			예외	9억 원 초과 분 20%	60%	
				9억 원 이하 분 40%		
		1주택 보유 세대	원칙	0%	0%	60%
			예외	9억 원 초과 분 20%	60%	
				9억 원 이하 분 40%		
		2주택 이상 보유 세대		0%	0%	
	9억 원 이하	서민·실수요자2)		50%	70%	70%3)
		무주택 세대		40%	60%	70%
		1주택 보유 세대	원칙	0%	0%	60%
			예외	40%	60%	60%
		2주택 이상 보유 세대		0%	0%	60%

1) 투기지역, 투기과열지구를 포함하지 않음
2) 투기지역·투기과열지구에서는 ① 무주택세대주, ② 부부합산 연 소득 7천만 원(생애최초주택 구입자 8천만 원) 이하, ③ 주택 가격 6억 원 이하, 조정대상지역에서는 ① 무주택세대주, ② 부부합산 연 소득 6천만 원(생애 최초주택 구입자 7천만 원) 이하, ③주택 가격 5억 원 이하의 요건을 모두 충족하는 경우
3) 조정대상지역 외 LTV에는 서민·실수요자 10%p 완화 규정을 적용하지 않음

12.16 부동산 대책 이후 부동산담보신탁을 활용한 수익권증서 담보대출 LTV 규제 사항

구분	투기지역·투기과 열지구 LTV	조정대상지역[1] LTV	조정대상지역 외 LTV
수익권증서 담보대출	40%	60%	규제 없음

1) 투기지역, 투기과열지구를 포함하지 않음

12.16 부동산 대책 이후 기업 대출[1] LTV 규제 사항

목적	가격 (시가)	구분	투기지역 LTV	투기과열 지구[2] LTV	조정대상 지역[3] LTV	조정대상 지역 외 LTV
아파트 구입	15억 원 초과	주택담보대출 미보유	0%	0%	규제 없음	규제 없음
		주택담보대출 기보유	0%	0%		
	15억 원 이하 ~ 9억 원 초과	주택담보대출 미보유	0%	0%		
		주택담보대출 기보유	0%	0%		
	9억 원 이하	주택담보대출 미보유	40%	40%		
		주택담보대출 기보유	0%	40%		
아파트 구입 외	9억 원 초과	주택담보대출 미보유	0%	0%	규제 있음	규제 있음
		주택담보대출 기보유	0%	0%		
	9억 원 이하	주택담보대출 미보유	40%	40%		
		주택담보대출 기보유	0%	40%		

1) 개인인 주택임대사업자·주택매매 사업자, 법인인 주택임대사업자·주택매매 사업자
2) 투기지역을 포함하지 않음
3) 투기지역, 투기과열지구를 포함하지 않음

12.16 부동산 대책 이후 실거주 요건

■ 신규 규제

		일반주택 (시가 9억 원 이하)		고가주택 (시가 9억 원 초과)	
무주택자	조정대상지역	-		조정대상지역	구입 후 2년 내 전입
	투기과열지구			투기과열지구	구입 후 1년 내 전입
	투기지역			투기지역	
1주택자	조정대상지역	2년 이내 처분	조정대상지역	기존 주택을 2년 내 처분
	투기과열지구	1년 이내 처분 및 전입	투기과열지구	
	투기지역		투기지역	

12.16 부동산 대책 이후 전세자금 대출 규제 사항

보증 기관	공적 보증 기관		사적 보증 기관
	주택금융공사	주택도시보증공사	서울보증보험
주택 보유 수	2주택 이상 다주택자 제한		
고가주택 보유	고가주택(시가 9억 원 초과)을 보유한 1주택자		
소득 요건	1주택자의 경우 부부 합산 소득 1억 원 이하		없음

1년마다 실거주 및 주택보유 수 변동 여부를 확인
① 실거주를 하고 있지 않을 경우 전세자금 대출 즉각 회수
② 전세자금 대출을 받은 후 집을 새로 구매하여 2주택 이상이 되거나 시가 9억 원 초과의 집을 매입하면 전세
자금 대출을 회수

매운 맛 3단계 - 대출 규제 더 더 조이기

해가 바뀝니다. 2.20 부동산 대책이 발표됩니다. 크게 3가지가 바뀝니다.

첫째, 투기지역·투기과열지구를 제외한 조정대상지역의 주택담보대출 LTV를 더욱 강화합니다. 앞에서 우린 정부가 12.16 부동산 대책에서 투기지역과 투기과열지구의 주택에 대해 시가 9억 원을 기준으로 주택 가격 구간별 LTV 규제비율을 차등 적용한 걸 살폈습니다.

2.20 부동산 대책부터는 조정대상지역의 LTV도 구간별로 차등 적용합니다. 9억 원 이하 분의 LTV는 50%, 9억 원 초과 분의 LTV는 30%가 됩니다. 가령 무주택자가 조정대상지역에서 10억 원짜리 주택을 매입 시 주택담보대출 한도는 다음과 같습니다.

9억 원 × 50% + 1억 원 × 30% = 4.8억 원

이 조처는 가계·개인사업자·법인 등 모든 차주의 투기지역·투기과열지구를 제외한 조정대상지역의 주택담보대출에 적용됩니다.

둘째, 조정대상지역 내 1주택 세대의 주택담보대출 시 실수요 요건을 강화합니다. 기존에는 (투기지역·투기과열지구를 제외한) 조정지역대상지역 내 1주택 세대는 '기존 주택을 2년 내 처분'하는 조건으로 주택담보대출이 가능했습니다(36쪽 〈1〉, 49쪽 〈2〉 참조). <u>그걸 '2년 내 기존 주택 처분 및 신규주택 전입 의무'</u>를 조건으로 주택담보대출이 가능하도록 바꿉니다.〈3〉

셋째, 주택 구입 목적의 사업자 대출에 대해서도 관리를 강화합니다. 기존에는 주택임대업·주택매매업 이외 업종 영위 사업자에 대해서 투기지역·투기과열지구 내 주택 구입목적 주택담보대출을 금지하고 있었는데, 그걸 조정대상지역까지 적용 범위를 확대합니다.

이렇게 누적된 LTV 규제 사항을 모아 정리하면 다음과 같습니다.

2.20 부동산 대책 이후 가계 대출 LTV 규제 사항

■ 신규 규제

목적	가격 (시가)	구분		투기지역· 투기과열지구 LTV	조정대상 지역[1] LTV	조정대상 지역 외 LTV
아파트 구입	15억 원 초과	무주택 세대		0%	60%	70%
		1주택 보유 세대	원칙	0%	0%	60%
			예외	0%	60%	
		2주택 이상 보유 세대		0%	0%	60%
	15억 원 이하 ~ 9억 원 초과	무주택 세대	원칙	0%	0%	70%
			예외	9억 원 초과 분(시가) 20%	30%	
				9억 원 이하 분(시가) 40%	50%	
		1주택 보유 세대	원칙	0%	0%	60%
			예외	9억 원 초과 분(시가) 20%	30%	
				9억 원 이하 분(시가) 40%	50%	
		2주택 이상 보유 세대		0%	0%	60%
	9억 원 이하	서민·실수요자[2]		50%	70%	70%[3]
		무주택 세대		40%	60%	70%
		1주택 보유 세대	원칙	0%	0%	60%
			예외	40%	60%	
		2주택 이상 보유 세대		0%	0%	60%
아파트 구입 외	9억 원 초과	무주택자	원칙	0%	0%	70%
			예외	9억 원 초과 분(시가) 20%	30%	
				9억 원 이하 분(시가) 40%	50%	
		1주택 보유 세대	원칙	0%	0%	60%
			예외	9억 원 초과 분(시가) 20%	30%	
				9억 원 이하 분(시가) 40%	50%	
		2주택 이상 보유 세대		0%	0%	
	9억 원 이하	서민·실수요자[2]		50%	70%	70%[3]
		무주택 세대		40%	60%	70%
		1주택 보유 세대	원칙	0%	0%	60%
			예외	40%	60%	
		2주택 이상 보유 세대		0%	0%	60%

1) 투기지역, 투기과열지구를 포함하지 않음
2) 투기지역·투기과열지구에서는 ① 무주택세대주, ② 부부합산 연 소득 7천만 원(생애최초주택 구입자 8천만 원),
   ③ 주택 가격: 6억 원 이하, 조정대상지역에서는 ① 무주택세대주, ② 부부합산 연 소득 6천만 원(생애최초주
   택 구입자 7천만 원), ③ 주택 가격: 5억 원 이하의 요건을 모두 충족하는 경우
3) 조정대상지역 외 LTV에는 서민·실수요자 10%p 완화 규정을 적용하지 않음

2.20 부동산 대책 이후 부동산담보신탁을 활용한 수익권증서 담보대출 LTV 규제 사항

■ 신규 규제

구분	투기지역·투기과열지구 LTV	조정대상지역[1] LTV	조정대상지역 외 LTV
수익권증서 담보대출	40%	60%	규제 없음

1) 투기지역, 투기과열지구를 포함하지 않음

2.20 대책 이후 기업 대출[1] LTV 규제 사항

■ 신규 규제

목적	가격 (시가)	구분	투기지역 LTV	투기과열지구 [2] LTV	조정대상지역[3] LTV		조정대상지역 외 LTV
아파트 구입	15억 원 초과	주택담보대출 미보유	0%	0%	9억 원 초과 분	30%	규제 없음
					9억 원 이하 분	50%	
		주택담보대출 기보유	0%	0%	9억 원 초과 분	30%	
					9억 원 이하 분	50%	
	15억 원 이하 ~ 9억 원 초과	주택담보대출 미보유	0%	0%	9억 원 초과 분	30%	
					9억 원 이하 분	50%	
		주택담보대출 기보유	0%	0%	9억 원 초과 분	30%	
					9억 원 이하 분	50%	
	9억 원 이하	주택담보대출 미보유	40%	40%	규제 없음		
		주택담보대출 기보유	0%	40%	규제 없음		
아파트 구입 외	9억 원 초과	주택담보대출 미보유	0%	0%	9억 원 초과 분	30%	규제 없음
					9억 원 이하 분	50%	
		주택담보대출 기보유	0%	0%	9억 원 초과 분	30%	
					9억 원 이하 분	50%	
	9억 원 이하	주택담보대출 미보유	40%	40%	규제 없음		
		주택담보대출 기보유	0%	40%	규제 없음		

1) 개인인 주택임대사업자·주택매매 사업자, 법인인 주택임대사업자·주택매매 사업자
2) 투기지역을 포함하지 않음
3) 투기지역, 투기과열지구를 포함하지 않음

2.20 부동산 대책 이후 실거주 요건

■ 신규 규제

		일반주택 (시가 9억 원 이하)		고가주택 (시가 9억 원 초과)	
무주택자	조정대상지역	-		조정대상지역	구입 후 2년 내 전입
	투기과열지구			투기과열지구	구입 후 1년 내 전입
	투기지역			투기지역	
1주택자	조정대상지역	2년 이내 처분 및 전입		조정대상지역	기존 주택을 2년 내 처분
	투기과열지구	1년 이내 처분 및 전입		투기과열지구	
	투기지역			투기지역	

2020.6.17

기업 대출 특단의 조치, LTV 0%

2020년 6월 17일, 6.17 부동산 대책이 발표됩니다. 6.17 부동산 대 책은 2020년 7월 10일에 나온 7.10 부동산 대책과 함께 말이 참 많았 던 부동산 대책입니다. 이어서 살필 키워드인 '종합부동산세'를 제대 로 건드리기 시작해서 그런 것인데요. 6.17 부동산 대책은 그것과 더불 어 '기업 대출에 특단의 조처가 내려진' 부동산 대책이기도 합니다. 바 로 내용을 살핍니다.

기업 대출에 내려진 특단의 조치

우선 기업 대출입니다. 말 그대로 '특단의 조처'를 취합니다. 법인, 개인사업자를 포함한 주택매매·임대사업자를 대상으로 모든 지역의 주택담보대출을 금지합니다.

전입·처분 요건 강화

규제지역 내 주택담보대출 취급 시의 전입·처분 요건도 강화합니다.

첫째, 무주택자의 경우 투기지역, 투기과열지구 내 시가 9억 원 초과 주택 구입을 위해 주택담보대출을 받은 경우 1년 내 전입 의무가 부과되고 조정대상지역의 경우 2년 내 전입 의무가 부과가 되었는데(36쪽 [1], 49쪽 [2] 참조), 그것을 규제지역 내 주택 가격과 관계없이 6개월 내 전입 의무 부과로 변경합니다. [3]

둘째, 1주택자의 경우에는 투기지역, 투기과열지구 내 주택을 구입하기 위해 주택담보대출을 받는 경우 1년 내 기존 주택의 처분 및 신규주택 전입 의무가 부과되었고, 조정대상지역은 2년 내 기존주택 처분 및 신규주택 전입 의무 부과되었는데(36쪽 〈1〉, 49쪽 〈2〉, 55쪽 〈3〉 참조), 그것을 전 규제지역 내 주택 구입을 위해 담보대출을 받는 경우 6개월 내 기존 주택 처분 및 신규주택 전입 의무를 부과로 강화했습니다(고가주택은 제외). 〈4〉

전세자금 대출 규제 강화

전세자금 대출 규제도 강화합니다.

첫째, 투기지역과 투기과열지구 내 시가 3억 원 초과 아파트를 신규로 구입하면 공적·사적 전세자금 대출 보증이 제한됩니다.

둘째, 전세자금 대출을 받은 후 투기지역·투기과열지구 내 3억원 초과 아파트를 구입하는 경우는 전세자금 대출을 즉시 회수합니다.

셋째, 기존에는 전세자금 대출 보증 한도가 보증 기관별로 차이가 있어 1주택자의 갭투자 용도로 활용되어왔습니다. 이에 대응하기 위해 주택도시보증공사(HUG)의 1주택자 대상 전세자금 대출 보증 한도를 2억 원으로 인하합니다.

[현황] 보증 기관별 전세자금 대출 보증 취급 내용

구분	주택금융공사(HF)	주택도시보증공사(HUG)
주택 보유 수	다주택자 제한(2주택 이상), 고가 1주택자(시가 9억 원) 제한	
임차보증금 한도	수도권 5억 원, 지방 3억 원	수도권 5억 원, 지방 4억 원
최대 보증 한도	2억 원 (임차보증금 80% 이내)	수도권 4억 원, 지방 3.2억 원 (임차보증금 80% 이내)

[개선] 보증 기관별 전세자금 대출 보증 취급 내용

구분	주택금융공사(HF)	주택도시보증공사(HUG)
주택 보유 수	다주택자 제한(2주택 이상), 고가 1주택자(시가 9억 원) 제한	
임차보증금 한도	수도권 5억 원, 지방 3억 원	수도권 5억 원, 지방 4억 원
최대 보증 한도	2억 원 (임차보증금 80% 이내)	수도권 4억 원, 지방 3.2억 원 1주택자 2억 원 (임차보증금 80% 이내)

■ 신규 규제

목적	가격 (시가)	구분		투기지역·투기과열지구 LTV	조정대상지역[1] LTV	조정대상지역 외 LTV
아파트 구입	15억 원 초과	무주택 세대		0%	60%	70%
		1주택 보유 세대	원칙	0%	0%	60%
			예외	0%	60%	
		2주택 이상 보유 세대		0%	0%	60%
	15억 원 이하 ~ 9억 원 초과	무주택 세대	원칙	0%	0%	70%
			예외	9억 원 초과 분(시가) 20% → 30%		
				9억 원 이하 분(시가) 40% → 50%		
		1주택 보유 세대	원칙	0%	0%	60%
			예외	9억 원 초과 분(시가) 20% → 30%		
				9억 원 이하 분(시가) 40% → 50%		
		2주택 이상 보유 세대		0%	0%	60%
	9억 원 이하	서민·실수요자[2]		50%	70%	70%[3]
		무주택 세대		40%	60%	70%
		1주택 보유 세대	원칙	0%	0%	60%
			예외	40%	60%	
		2주택 이상 보유 세대		0%	0%	60%
아파트 구입 외	9억 원 초과	무주택자	원칙	0%	0%	70%
			예외	9억 원 초과 분(시가) 20% → 30%		
				9억 원 이하 분(시가) 40% → 50%		
		1주택 보유 세대	원칙	0%	0%	60%
			예외	9억 원 초과 분(시가) 20% → 30%		
				9억 원 이하 분(시가) 40% → 50%		
		2주택 이상 보유 세대		0%	0%	
	9억 원 이하	서민·실수요자[2]		50%	70%	70%[3]
		무주택 세대		40%	60%	70%
		1주택 보유 세대	원칙	0%	0%	60%
			예외	40%	60%	
		2주택 이상 보유 세대		0%	0%	60%

1) 투기지역, 투기과열지구를 포함하지 않음
2) 투기지역·투기과열지구에서는 ① 무주택세대주, ② 부부합산 연 소득 7천만 원(생애최초주택 구입자 8천만 원) 이하, ③ 주택 가격 6억 원 이하, 조정대상지역에서는 ① 무주택세대주, ② 부부합산 연 소득 6천만 원(생애최초주택 구입자 7천만 원), ③ 주택 가격 5억 원 이하의 요건을 모두 충족하는 경우
3) 조정대상지역 외 LTV에는 서민·실수요자 10%p 완화 규정을 적용하지 않음

6.17 부동산 대책 이후 부동산담보신탁을 활용한 수익권증서 담보대출 LTV 규제 사항

■ 신규 규제

구분	투기지역·투기과열지구 LTV	조정대상지역[1] LTV	조정대상지역 외 LTV
수익권증서 담보대출	40%	60%	규제 없음

1) 투기지역, 투기과열지구를 포함하지 않음

6.17 부동산 대책 이후 기업 대출[1] LTV 규제 사항

■ 신규 규제

목적	가격 (시가)	구분	투기 지역 LTV	투기 과열 지구 [2] LTV	조정대상지역[3] LTV		조정 대상 지역 외 LTV
아파트 구입	15억 원 초과	주택담보대출 미보유	0%	0%	9억 원 초과 분(시가)	0%	0%
					9억 원 이하 분(시가)	0%	
		주택담보대출 기보유	0%	0%	9억 원 초과 분(시가)	0%	0%
					9억 원 이하 분(시가)	0%	
	15억 원 이하 ~ 9억 원 초과	주택담보대출 미보유	0%	0%	9억 원 초과 분(시가)	0%	0%
					9억 원 이하 분(시가)	0%	
		주택담보대출 기보유	0%	0%	9억 원 초과 분(시가)	0%	0%
					9억 원 이하 분(시가)	0%	
	9억 원 이하	주택담보대출 미보유	0%	0%	0%		0%
		주택담보대출 기보유	0%	0%	0%		0%
아파트 구입 외	9억 원 초과	주택담보대출 미보유	0%	0%	9억 원 초과 분(시가)	0%	0%
					9억 원 이하 분(시가)	0%	
		주택담보대출 기보유	0%	0%	9억 원 초과 분(시가)	0%	0%
					9억 원 이하 분(시가)	0%	
	9억 원 이하	주택담보대출 미보유	0%	0%	0%		0%
		주택단보대출 기보유	0%	0%	0%		0%

1) 개인인 주택임대사업자·주택매매 사업자, 법인인 주택임대사업자·주택매매 사업자
2) 투기지역을 포함하지 않음
3) 투기지역, 투기과열지구를 포함하지 않음

6.17 부동산 대책 이후 실거주 요건

■ 신규 규제

	일반주택 (시가 9억 원 이하)		고가주택 (시가 9억 원 초과)	
무주택자	조정대상지역	구입 후 6개월 내 전입	조정대상지역	구입 후 6개월 내 전입
	투기과열지구		투기과열지구	
	투기지역		투기지역	
1주택자	조정대상지역	6개월 내 처분 및 전입	조정대상지역	기존 주택을 2년 내 처분
	투기과열지구		투기과열지구	
	투기지역		투기지역	

6.17 부동산 대책 이후 전세자금 대출 보증 제한 등

■ 신규 규제

	공적 보증 기관		사적 보증 기관
보증 기관	주택금융공사	주택도시보증공사	서울보증보험
주택 보유 수	2주택 이상 다주택자 제한		
고가주택 보유	고가주택(시가 9억 원 초과)을 보유한 1주택자		
아파트 구입	투기지역·투기과열지구 내 시가 3억 원 초과 아파트를 신규로 구입하는 자		
소득 요건	1주택자의 경우 부부 합산 소득 1억 원 이하		없음

1년마다 실거주 및 주택보유 수 변동 여부를 확인
① 실거주를 하고 있지 않을 경우 전세자금 대출 즉각 회수
② 전세자금 대출을 받은 후 집을 새로 구매하여 2주택 이상이 되거나 시가 9억 원 초과의 집을 매입하면 전세자금 대출을 회수
③ 전세자금 대출을 받은 후 투기지역·투기과열지구 내 시가 3억 원 초과 아파트를 구입하는 경우 전세자금 대출을 회수

지금까지 살핀 대출 규제 사항을 정리한 타임라인입니다.

2.20 부동산 대책
**매운 맛 3단계 -
대출 규제 더 더 조이기**

8.2 부동산 대책
**본격적인 부동산 대출
규제 시작**

10.1 부동산 대책
9.13 부동산 대책의 보완

2017	2018	2019	2020

6.19 부동산 대책
첫 부동산 대책 발표

9.13 부동산 대책
**전방위로 압박하는
대출 규제**

12.16 부동산 대책
**매운 맛 2단계 -
대출 규제 더 조이기**

6.17 부동산 대책
**기업 대출에 대한
특단의 조치, LTV 0%**

종합부동산세를 중심으로 한
보유세 규제 변천

집은 많다

우린 가끔 거리를 걸으며 이런 푸념을 합니다.

"이렇게 집이 많은데 그중에 내 집은 하나도 없구나."

여기서 "이렇게 집이 많은데…"라는 건 느낌입니다. 그런데 그 느낌은 결코 무시할 만한 것이 아닙니다. 대한민국에는 정말로 집이 많습니다.

주택 수에서 일반가구 수를 나눈 숫자에 100을 곱한 걸 '주택보급률'이라고 합니다.*

> **주택보급률 = 주택 수 / 일반가구 수 × 100**

주택보급률을 보면 우리나라의 주택 재고가 가구 수에 비해 얼마나 부족한지 또는 여유가 있는지를 파악할 수 있습니다. 2018년을 기준으로 대한민국의 주택보급률은 104.2%입니다. 그렇습니다. 주택 수가 가구 수보다 더 많습니다.

「주거기본법」이 있습니다. 주거 정책에 관련한 법률 체계의 최상위법 및 기본법적인 지위를 갖는 법률입니다. 박근혜 정부 시절인 2015년 6월에 제정되어 그해 12월에 시행되었습니다. 아래에 해당 법률의 제정 이유 중 일부 문장을 옮깁니다.

> **주택보급률이 100%를 초과함에 따라 주택정책의 패러다임이 '주택 공급'에서 '주거복지'로 빠르게 전환되고 있음.**

그때도 이미 주택보급률이 100%를 초과했던 것입니다. 대한민국 주택보급률이 100%를 넘어서기 시작한 건 2008년부터입니다.

본론으로 돌아옵니다. 대한민국에는 정말 집이 많습니다. 하지만 현재 너무나도 많은 사람이 자기 이름의 집을 갖고 있지 못합니다. 대

---

* **주택 수** : 인구주택총조사 결과를 기준으로 빈집을 포함하여 산정(다가구 주택의 경우 구분 거처 반영)
일반가구 수 : 1인 가구와 비혈연 가구를 포함한 가구 수

체 왜 그런 걸까요? 간단합니다. 누군가 주택을 자꾸 사재기하고 있는 겁니다.

관련 데이터를 살펴보겠습니다. 2008년에서 2018년까지 10년 동안 대한민국 총 주택은 1,510만 호에서 1,999만 호로 489만 호가 증가했습니다. 신규로 공급된 주택은 무주택 가구들에게 잘 전달되었을까요? 그렇지 않습니다. 그중에 절반 넘는 250만 호(약 51%)가 다주택자들의 손에 들어갔습니다. 그 250만 호 중에서 207만 9천 호(83%)는 주택 보유 수 상위 10%의 사람들이 사들였습니다. 다주택자들이 10년간 사들인 250만 호 중에서 80% 이상을 주택 보유 수 상위 10%가 독식한 겁니다.

그럼 다주택자들이 본인 명의로 소유는 하고 있지만 직접 살지는 않는 주택, 즉 세를 놓고 있는 주택은 몇 호나 될까요? 무려 700만 호입니다. 이는 대한민국 전체 주택 수의 35%에 달하는 규모입니다.[*] 참고로 판교 신도시가 3만 호 규모입니다. 그러니까 단순 계산하면(다가구 주택의 구분 거처 등을 따지지 않고 계산하면) 우린 이렇게도 말할 수 있는 겁니다.

"부동산 투자자들이 (실거주 외의 용도로) 사재기한 주택의 물량이 판교 신도시 233배 규모에 이른다!"

---

[*] 「10년간 증가한 주택의 절반, 250만 호를 다주택자가 사재기」, 경제정의실천시민연합, 2019.9.24

두 개의 주택 공급 시장

이제 주택 공급에 대한 이야기를 해야 할 것 같습니다. 주택 공급 시장은 크게 두 축으로 나뉩니다.

첫째는 신규주택 공급 시장입니다. 택지를 조성해서 아파트 등을 새로 지어 공급하는 시장을 말합니다. 우리는 흔히 이 시장을 '청약 시장' 또는 '분양 시장'이라고 부릅니다.

둘째는 재고주택 공급 시장입니다. 여긴 지금까지 지어진 모든 기성 주택들의 거래가 이루어지는 시장입니다(부동산 중개 사무소에 가서 매물의 유무를 확인하고 집을 직접 보고 거래를 하는 시장).

우리에게 익숙한 시장은 후자입니다. 둘 중 어느 시장이 더 클까요? 당연히 후자가 압도적으로 큽니다. 그럼 공급 속도는 어디가 더 빠를까요? 역시 후자가 빠릅니다. 우리는 알고 있습니다. 아파트 등을 새로 지어 사람들이 입주하려면 최소 2~3년의 시간이 필요합니다. 반면 이미 지어진 아파트 등은 조건만 맞으면 당장 내일이라도 이사를 할 수가 있습니다.

보수적인 식견을 가진 부동산 전문가들은 "주택의 공급을 늘려야 한다!"라고 주장하면서 신규주택 공급 시장만 말합니다. 그들은 절대 재고주택 공급 시장은 말하지 않습니다. 왜냐고요? 국민에게 재고주택 공급 시장이라는 게 있다는 걸 환기시키면, 사람들은 필연적으로 이런 생각을 할 것이기 때문입니다.

'어떻게 해야 다주택자들이 자신이 살고 있는 주택 외의 나머지 주택을 내놓게 할까?'

(= 어떻게 해야 재고주택 공급 시장의 공급을 늘릴 수 있을까?)

함께 생각해봅시다. 어떻게 해야 할까요? 간단합니다. 여러 채의 주택을 보유하고 있을 때 내는 세금인 '보유세'를 높여서 다주택자들이 많은 수의 주택을 보유하는 걸 부담스럽게 만들면 됩니다. 그러면 여러 주택을 보유하는 것에 부담을 느낀 부동산 투자자들이 사재기해 놓은 주택들을 시장에 내놓게 될 것입니다.

보유세는 낮다

그렇다면 현재 대한민국 보유세 실정은 어떨까요? 결론부터 말하자면, 경제협력개발기구(OECD) 평균을 한참 밑돌고 있습니다. 2018년 기준 우리나라의 민간 부동산(건물+토지) 총액 대비 보유세액의 비중(실효세율)은 0.16%입니다. 경제협력개발기구 누리집에서 자료를 확인할 수 있는 12개 국가 중 보유세가 가장 높은 나라는 캐나다로 0.87%입니다. 체코는 0.08%로 가장 낮습니다. 12개 나라의 평균 보유세 실효세율은 0.37%입니다. 방금 살핀 것처럼 한국은 그 절반에도 미치지 못합니다.

우리나라 보유세에는 재산세와 종합부동산세가 있습니다. 재산세는 지방세이고 주택을 소유한 사람 모두가 내는 세금입니다. 반면 종

OECD 주요국의 부동산 보유세 실효세율 비교

부동산 보유세 실효세율 : 보유세액/민간부동산(토지+건물) 총액(2018년 기준)

12개 국가 평균(0.37%)

캐나다	0.87%
영국	0.76%
프랑스	0.55%
일본	0.52%
덴마크	0.45%
벨기에	0.31%
네덜란드	0.27%
스웨덴	0.19%
한국	**0.16%**
슬로바키아	0.13%
독일	0.12%
체코	0.18%

출처 : 토지+자유연구소

합부동산세는 국세이면서 일정 금액을 초과하는 주택을 보유한 사람만 내는 세금입니다.

종합부동산세의 도전

세 번째 키워드는 종합부동산세입니다. 종합부동산세는 전국에 있는 주택(주택의 부속 토지 포함) 및 토지(① 송합 합산 토지 : 나대지·잡종지 등, ② 별도 합산 토지 : 상가·사무실 부속 토지 등)를 유형별로 구분한 뒤 인

(人)별로 합산하여 과세합니다. 논의의 초점을 또렷이 하기 위해 이하 본문에서 이야기하는 모든 종합부동산세는 주택에 대한 종합부동산세로 한정하기로 합니다.

종합부동산세는 노무현 정부 시절인 2005년 1월에 탄생했습니다. 제정 이유는 다음과 같습니다(동그라미 숫자와 밑줄은 제가 임의로 삽입한 것입니다).

> "❶ 고액의 부동산 보유자에 대하여는 부동산 보유세를 과세함에 있어서 지방세의 경우보다 높은 세율로 국세인 종합부동산세를 과세하여 부동산 보유에 대한 조세 부담의 형평성을 제고하고 부동산의 가격 안정을 도모함으로써 ❷ 지방 재정의 균형 발전과 국민경제의 건전한 발전을 기하려는 것임."

❶번 밑줄부터 살펴봅시다.

> "❶ 고액의 부동산 보유자에 대하여는 부동산 보유세를 과세함에 있어서 지방세의 경우보다 높은 세율로 국세인 종합부동산세를 과세하여"

보유한 주택의 값이 상당한 수준이라면 지방세인 재산세보다 더 높은 세율로 국세인 종합부동산세를 걷겠다는 겁니다. 이어서 동그라미 ❷번 밑줄도 살핍니다.

"**❷** 지방 재정의 균형 발전과 국민경제의 건전한 발전을 기하려는 것임."

국세인 종합부동산세를 걷는데 왜 지방 재정의 균형 발전과 국민경제의 건전한 발전을 기한다는 말이 나오는 걸까요?

사실 종합부동산세라는 이름으로 거둔 모든 세금은 지방 자치 단체의 행정 운영에 필요한 재원으로(지역 균형 발전을 위한 재원인 '부동산 교부세'로) '재분배'되게끔 설계되어있습니다.

국가 자원이 소위 '몰빵'된 지역의 땅값은 천정부지로 오를 것이니 그 부의 일부를 국세로 거두어서 소외된 다른 지역에 고루 나누어 주도록 되어있는 세금이 바로 종합부동산세입니다. 요컨대 종합부동산세는 '다 같이 잘 먹고 잘살자(균형 발전)'를 모토로 하는 세금입니다. 어떤가요? 마음씨 좋은 세금이지요?

그런 종합부동산세가 2005년 1월 시행되자 보수 언론으로부터 '세금 폭탄', '세금 폭격', '세금 테러'와 같은 이른바 '프레임 공격'을 받습니다. 다음과 같은 식입니다.

"부동산을 잡아야지 경제까지 잡을 텐가"

(2005년 8월 13일 자 조선일보 사설)

"무한정한 정부 개입, 부동산 시장 왜곡 뻔하다"

(2005년 9월 1일 자 중앙일보 사설)

종합부동산세에 대한 보수 언론의 공격은 노무현 정부 내내 이어졌습니다. 전강수 대구가톨릭대학교 경제통상학부 교수는 당시를 이렇게 회상합니다.

"노무현 대통령은 임기 내내 보수 언론의 공격에 시달렸는데, 특히 종합부동산세에 대한 공격은 매섭고 집요했다. 비판자들이 활용한 논거는 '세금 폭탄론'이었다. 노무현 정부가 종합부동산세를 도입해서 집 한 채 가진 서민들에게까지 막대한 세금을 부과하려 한다는 내용이었다. 종합부동산세 과세 대상은 전체 소유자의 4%를 넘은 적이 없으니 세금 폭탄론은 전형적인 '가짜 뉴스'였다. (…) 종합부동산세로 대표되는 보유세 강화 정책에 대한 보수 언론의 반발은 알레르기 반응에 가까웠다. 거짓말도 여러 번 들으면 진실로 여겨지는 법이다. 언론들이 연일 쏟아내는 세금 폭탄론에 대중이 점점 세뇌되어갔다. (ㅍ) 종합부동산세와 아무 관련이 없던 중산층과 서민층, 지방 주민들이 마치 노무현 정부가 자신들에게 세금 폭탄을 퍼붓는 것처럼 여기기 시작했다."*

이런 혼돈의 시기를 이미 겪어서일까요? 이제 우리는 알죠? 종합

---

* 전강수,《부동산 공화국 경제사》, 이문책, 2019, p146~149

부동산세가 세금 폭탄이 아니라는 걸요. 현재 대한민국 1% 정도만 종합부동산세를 내고 있습니다. 그 때문에 우리는 가끔 농담조로 말하곤 합니다. "종합부동산세를 내 보는 게 소원이다." 노무현 정부 시절에는 그런 분위기가 아니었습니다.

결국 2007년 12월 종합부동산세 무력화에 대한 의지를 공공연히 밝히던 이명박 당시 한나라당 후보가 대한민국 대통령에 당선됩니다. 다음 해 11월에는 헌법재판소가 「종합부동산세법」 일부 조항에 대해 위헌과 헌법 불합치 판정을 내립니다. 대강의 내용은 다음과 같습니다.

> "종합부동산세 그 자체는 합헌이나 세대별로 합산하여 과세하는 건 위헌이고, 주거 목적으로 1주택을 장기 보유하는 사람에게 무차별적으로 과세하는 것에 대해서는 헌법 불합치다!"*

이를 기초로 이명박 정부가 「종합부동산세법」 무력화 작업을 완료합니다. 이명박 정부의 종합부동산세 무력화 내용을 정리하면 다음 페이지의 표와 같습니다.**

표에 나온 것처럼 과세표준과 세율이 조정되고 세대별 합산이 인별 합산으로 바뀝니다. 세대별 합산이 인별 합산으로 바뀐 건 엄청난 변화입니다. 가족끼리 명의를 다르게 해 주택을 분산할 수 있기 때문입

---

*   위헌(違憲) : 법률 또는 명령, 규칙, 처분 따위가 헌법의 조항이나 정신에 위배되는 일
    헌법 불합치(憲法不合致) : 해당 법률이 사실상 위헌이긴 하지만 즉각적인 무효화에 따르는 법의 공백과 사회적 혼란을 피하기 위하여 법 개정 전까지 한시적으로 그 법을 존속시키는 결정
** 종합부동산세 무력화에 대해서는 전강수, 《부동산 공화국 경제사》, 이문책, 2019.를 참조

종합부동산세, 어떻게 무력화 되었나? : 주택을 중심으로			
노무현 정부		**이명박 정부**	
과세 표준	**세율**	**과세 표준**	**세율**
3억 원 이하	1%	6억 원 이하	0.5%
3~14억 원	1.5%	6~12억 원	0.75%
14~94억 원	2%	12~50억 원	1%
		50~94억 원	1.5%
94억 원 초과	3%	94억 원 초과	2%

세대별 합산	**인별 합산**
과세 기준 금액 : 공시가격 6억 원	**과세 기준 금액 : 공시가격 6억 원** • 1주택자의 과세 기준 금액 : 9억 원 • 장기보유 공제 : 5년 이상(20%), 10년 이상(40%) • 고령자 공제 : 60세 이상(10%), 65세 이상(20%), 70세 이상(30%)

니다. 더불어 1주택자가 주택을 오래 보유하고 있으면 종합부동산세를 공제해주는 내용의 장기보유 공제와 고령자의 종합부동산세를 깎아주는 고령자 공제도 생깁니다.

이렇게 누더기가 된 종합부동산세를 2013년 2월 박근혜 정부가 이어 받아 그대로 유지합니다. 딱히 더 형해화할 게 없었던 것이지요. 그리고 2016년 가을에서부터 2017년 봄에 일어난 '촛불 혁명'을 거쳐 지금의 문재인 정부 시대가 열립니다.

여기까지가 서론입니다. 그럼, 지금부터 문재인 정부의 종합부동산세가 어떻게 변화했는지를 살핍니다.

종합부동산세를 손보다

문재인 정부는 2018년 9월 13일에 9.13 부동산 대책을 발표하며 종합부동산세를 손보기 시작합니다. '조정대상지역 내에 2주택 이상 또는 전 지역 합계 3주택 이상을 가진 자'와 '그렇지 않은 자'를 구분하는 다음의 '종합부동산세 수정안'을 발표합니다. (다음 쪽의 표 참조)

이것이 그해 12월에 국회를 통과하며 2019년 분 종합부동산세에 반영됩니다.[*]

세 부담 상한 개선

세 부담 상한도 개선됩니다. 세 부담 상한이란 해당 연도에 부과된 종합부동산세 금액이 전년도 재산세와 종합부동산세 합계액의 일정 수준을 초과하는 경우에는 그 초과 금액을 공제해주는 것을 말합니다. 납세자의 종합부동산세 부담이 급격히 증가하는 것을 막기 위해 고안된 장치입니다.

---

[*] 종합부동산세는 매년 6월 1일 기준 주택 소유 현황에 따라 부과됩니다.

9.13 부동산 대책 종합부동산세 수정안

[기 존]

과세표준	세율
6억 원 이하	0.5%
12억 원 이하	0.75%
50억 원 이하	1%
94억 원 이하	1.5%
94억 원 초과	2%

[개 선]

과세표준	주택 (일반)		주택 (조정대상지역 내 2주택 이상, 3주택 이상)	
과세표준	시가	세율	시가	세율
3억 원 이하	약 18억 원 이하	0.5% (현행 유지)	약 14억 원 이하	0.6% (+0.1%p)
3~6억 원	약 18~23억 원	0.7% (+0.2%p)	약 14~19억 원	0.9% (+0.4%p)
6~12억 원	약 23~34억 원	1.0% (+0.25%p)	약 19~30억 원	1.3% (+0.55%p)
12~50억 원	약 34~102억 원	1.4% (+0.4%p)	약 30~98억 원	1.8% (+0.8%p)
50~94억 원	약 102~181억 원	2.0% (+0.5%p)	약 98~176억 원	2.5% (+1.0%p)
94억 원 초과	약 181억 원 초과	2.7% (+0.7%p)	약 176억 원 초과	3.2% (+1.2%p)

* 1주택자 시가 약 13억 원(공시가격 9억 원) 이하, 다주택자 시가 약 9억 원(공시가격 6억 원)은 과세 제외
** ( )는 현행대비 증가 세율

가령 A가 작년에 재산세와 종합부동산세를 합쳐서 100만 원을 냈고 현행 종합부동산세 세 부담 상한이 100%라면, 올해 A는 종합부동산세가 300만 원이 나와도 그가 내야 할 몫은 세 부담 상한 내인 200만 원이 되는 것입니다.

9.13 부동산 대책 전 종합부동산세 세 부담 상한은 150%였습니다. 이것을 3주택 이상 또는 조정대상지역 2주택 이상에는 300%로 인상하는 안이 함께 발표됩니다. 그리고 이것이 다시 조정지역 내 2주택 이상은 200%, 3주택 이상은 300%로 수정되어 같은 해 12월에 국회를 통과하여 2019년 분 종합부동산세에 반영됩니다.

9.13 부동산 대책 종합부동산세 세 부담 상한

[9.13 부동산 대책 이전 종합부동산세 세 부담 상한]

주택
150%

[9.13 부동산 대책 종합부동산세 세 부담 상한]

주택 (일반)	주택 (조정대상지역 내 2주택, 3주택 이상)
150% (현행 유지)	300% (+150%p)

[2019년 종합부동산세 세 부담 상한]

주택 (일반)	주택 (조정대상지역 내 2주택)	주택 (3주택 이상)
150% (현행 유지)	200% (+50%p)	300% (+150%p)

종합부동산세 다시 상향 조정

시간이 흘러 정부가 12.16 부동산 대책을 발표하면서 종합부동산세 세율을 다음과 같이 0.1~0.8%p 상향 조정합니다.

12.16 부동산 대책 종합부동산세 수정안

■ 개정

과세표준	주택 (일반)			주택 (조정대상지역 내 2주택 이상, 3주택 이상)		
	시가	현행	개정	시가	현행	개정
3억 원 이하	약 17.6억 원 이하	0.5%	0.6% (+0.1%p)	약 13.3억 이하	0.6%	0.8% (+0.2%p)
3~6억 원	약 17.6~22.4 억 원	0.7%	0.8% (+0.1%p)	약 13.3~18.1억	0.9%	1.2% (+0.3%p)
6~12억 원	약 22.4~31.9 억 원	1.0%	1.2% (+0.2%p)	약 18.1~27.6억	1.3%	1.6% (+0.3%p)
12~50억 원	약 31.9~92.2 억 원	1.4%	1.6% (+0.2%p)	약 27.6~87.9억	1.8%	2.0% (+0.2%p)
50~94억 원	약 92.2~162.1 억 원	2.0%	2.2% (+0.2%p)	약 87.9~157.8억	2.5%	3.0% (+0.5%p)
94억 원 초과	약 162.1억 원 초과	2.7%	3.0% (+0.3%p)	약 157.8억 초과	3.2%	4.0% (+0.8%p)

* 공시가격 현실화율 70% 공정시장가액비율 90%를 적용했을 경우
** ( )는 현행대비 증가 세

※ 공정시장가액비율 : 종합부동산세의 기준이 되는 공시가격을 100% 반영하지 않고 일부를 깎아주는 장치를 말합니다. 이명박 정부의 작품입니다. 공정시장가액비율은 오직 공시가격을 깎기 위해 존재하는 장치일 뿐이므로 실제 '공정(公正)'과는 거리가 멉니다. 때문에 문재인 정부가 기존 80%인 공정시장가액비율을 2019년부터 연 5%씩 상향 조정하여 2020년에는 100%에 이르도록 재설계를 하였습니다(2019 : 85%, 2020년 : 90%, 2021년 : 95%, 2020년 : 100%).

세 부담 상한

조정대상지역의 2주택자 종합부동산세 세 부담 상한을 200%에서 300%로 확대하는 안도 발표합니다.

12.16 부동산 대책 종합부동산세 세 부담 상한

■ 개정

[현행]

주택 (일반)	주택 (조정대상지역 내 2주택)	주택 (3주택 이상)
150%	200%	300%

↓

[개정]

주택 (일반)	주택 (조정대상지역 내 2주택)	주택 (3주택 이상)
150%	300% (+100%p)	300%

1주택을 보유한 고령자 세액 공제율 및 합산 공제율 확대

한편 1세대 1주택 보유 고령자의 세액 공제율과 고령자 공제 및 장기보유 공제의 합산 공제율 상한을 높여 실수요 1주택자 부담 경감도 추진합니다.

12.16 종합부동산세 1주택 보유 고령자 세액 공제율 및 합산 공제율

[현행]

고령자		장기보유	
연령	공제율	보유기간	공제율
60~65세	10%	5~10년	20%
65~70세	20%	10~15년	40%
70세 이상	30%	15년 이상	50%

* 공제 한도: 고령자+장기보유 합계: 70%

■ 개정

[개정]

고령자		장기보유	
연령	공제율	보유기간	공제율
60~65세	20%	5~10년	20%
65~70세	30%	10~15년	40%
70세 이상	40%	15년 이상	50%

* 공제 한도: 고령자+장기보유 합계 : 80%

그러나 이 정책들은 국회를 통과하지 못합니다. 그렇게 20대 국회가 끝이 납니다.

법인 투자자 규제하기

해가 바뀝니다. 2020년 6월 17일입니다. 6.17 부동산 대책이 발표됩니다. 이 대책은 이렇게 정리할 수 있습니다.

'법인 부동산 투자자 규제하기!'*

법인은 최고 세율, 단일세율, 세 부담 상한 적용 제외

6.17 부동산 대책 이전에는 개인·법인에 대한 구분 없이 납세자별로 보유 주택의 공시가격을 합산하여 종합부동산세를 부과했습니다. 그걸 2021년 종합부동산세 부과 분부터는 법인 소유 주택에 대해서는 개인에 대한 최고 세율을 단일세율**로 거두기로 합니다. 그와 함께 세 부담 상한도 적용하지 않기로 합니다.

---

* 6.17 부동산 대책에서 모든 지역(① 투기지역, ② 투기과열지구, ③ 조정대상지역, ④ 조정대상지역 외)의 주택매매·임대사업자(법인, 개인사업자 포함) 주택담보대출을 금지한 것 기억하시지요?(59쪽 참조)

** 본래 종합부동세는 과세표준을 기준으로 '3억 원 이하에 대해서는 몇 %, 3억 원 초과 6억 원 이하에 대해서는 몇 % …' 하는 식으로 구간마다 세율을 달리 적용하는 초과 누진세입니다. 그런데 법인 소유 주택에 한해서는 이런 방식이 아닌, 최고 구간에 해당하는 세율을 과세표준 전체 금액에 곱하겠다고 한 것입니다.

법인 보유 주택에 대한 종합부동산세 기본 공제(6억 원) 폐지

법인이 보유한 주택에 대한 종합부동산세 기본 공제도 폐지합니다. 6.17 부동산 대책 이전에는 납세자별로 종합부동산세를 개인 1세대 1주택자는 9억 원, 다주택자는 6억 원, 법인은 각각 6억 원을 기본으로 공제해주었습니다. 그런데 그렇게 하니 부동산 투자자들이 법인을 설립하여 해당 제도를 악용하는 것이 아니겠습니까?

가령 개인이 3주택을 단독 보유하고 있으면 공제 금액이 6억 원인데, 법인을 2개 설립하여 주택을 분산해서 총 21억 원(개인 1주택 9억원 기본 공제 + 법인별 6억 원 기본공제)의 기본 공제를 받는 겁니다. 이러한 꼼수가 워낙 유행(?)하여 정부가 그것에 대응하기 위해 2021년 종합부동산세 부과 분부터는 법인 종합부동산세 기본 공제를 전면 폐지하기로 결정합니다.

그리하여 2021년 종합부동산세 분부터 법인은 세 부담 상한과 기본 공제 없이 최고 세율을 단일세율로 내야 합니다. 만약 A가 공시가격 5억 원짜리 집이 3채 있고 그것을 A 개인 명의로 한 채, B 법인을 설립하여 또 한 채, 다시 C 법인을 설립하며 한 채를 가지고 있다면, 기존에는 A 개인 명의의 집은 9억 원, B 법인과 C 법인 명의의 집은 각각 6억원의 기본 공제를 받아 종합부동산세를 내지 않아도 되었는데, 앞으로는 법인 명의의 주택 공시가격에 기본 공제 없이 과세표준에 대해 ('3억 원 이하에 대해서는 몇 %, 3억 원 초과 6억 원 이하에 대해서는 몇 % …' 하는 식이 아닌) 최고 세율을 단일하게 곱하여(2019년 12.16 부동산 대책 안에 따르면 4%) 종합부동산세를 내야 하는 것입니다.

종합부동산세의 도약

6.17 부동산 대책이 발표되고 채 한 달이 되지 않아 7.10 부동산 대책이 발표됩니다. 저는 당시에 관련 자료를 살피며 이렇게 외쳤습니다. '힘을 내! 종합부동산세!'

앞서 살핀 12.16 부동산 대책을 떠올려봅시다. 당시 정부는 종합부동산세의 세율을 0.1~0.8%p 올리는 종합부동산세 인상안을 발표했습니다. 그런데 어떻게 되었죠? 맞습니다. 국회를 통과하지 못한 채로 20대 국회가 끝났습니다.

6.17 부동산 대책 내 종합부동산 정책은 이전에 국회를 통과하지 못한 '12.16 부동산 대책의 플러스알파(+α)로 발표가 됩니다. 종합부동산세 세율을 12.16 부동산 대책의 종합부동산세 인상안인 0.1~0.8%p가 아닌, 0.1~2%p까지 올리기로 한 것입니다. 자세한 내용은 다음과 같습니다.

7.10 부동산 대책 종합부동산세 인상안

■ 개정

과세표준	주택 (일반)		주택 (조정대상지역 내 2주택 이상, 3주택 이상)			
	현행	개정	시가	현행	12.16	7.10
3억 원 이하	0.5%	0.6% (+0.1%p)	약 8~12.2억	0.6%	0.8%	1.2% (+0.4%p)
3~6억 원	0.7%	0.8% (+0.1%p)	약 12.2~15.4억	0.9%	1.2%	1.6% (+0.4%p)
6~12억 원	1.0%	1.2% (+0.2%p)	약 15.4~23.3억	1.3%	1.6%	2.2% (+0.6%p)
12~50억 원	1.4%	1.6% (+0.2%p)	약 23.3~69억	1.8%	2.0%	3.6% (+1.6%p)
50~94억 원	2.0%	2.2% (+0.2%p)	약 69~123.5억	2.5%	3.0%	5.0% (+2.0%p)
94억 원 초과	2.7%	3.0% (+0.3%p)	약 123.5억 초과	3.2%	4.0%	6.0% (+2.0%p)

* 공시가격 현실화율 75~85%, 공정시장가액비율 95%를 적용했을 경우
** ( )는 현행대비 증가 세율

※ 일반은 12.16 부동산 대책안을 따르고, 조정대상지역 내 2주택 이상 및 3주택 이상은 0.4~2%p 올리기로 합니다.
※ 당시 발표된 정부 자료에는 일반주택의 시가가 따로 명기되어있지 않았습니다.

법인의 종합부동산세 최고 세율도 덩달아 상승

본 안 때문에 6.17 부동산 대책의 '종합부동산세로 법인 규제하기' 안도 더욱 강력해집니다. 왜 그런지를 살펴보겠습니다. 6.17 부동산 대책의 요지는 다음과 같았습니다.

> 법인은 2021년 종합부동산세 분부터
> 세 부담 상한과 기본 공제 없이 최고 세율을 단일세율로 내라!

그런데 우리는 금방 정부가 7.10 부동산 대책을 통해서 종합부동산세의 최고 세율을 (2019년 12월 16일의 안인 4%가 아닌 그것에 플러스알파를 더한) 6%로 올리기로 했다는 걸 살폈습니다. 그에 따라 법인이 내야 할 2021년 분 종합부동산세도 덩달아 오른 것입니다.

2020.8.4

밀린 종합부동산세 개정안 국회 통과

2020년 8월 4일입니다. 12.16, 6.17, 7.10 부동산 대책에 담겼던 종합부동산세 개정안이 모두 국회를 통과합니다.

지금까지 살펴본 종합부동산세 내용을 타임라인으로 정리해봅니다.

12.16 부동산 대책
(종합부동산세)

• 종합부동산세를 '다시' 손보기 시작
• 2020년 8월 국회 통과

2017   2018   2019   2020

9.13 부동산 대책
(종합부동산세)

• 종합부동산세를 손보기 시작
• 2018년 12월 국회 통과

6.17 부동산 대책
(종합부동산세)

• 법인 투자자 규제하기
• 2020년 8월 국회 통과

7.10 부동산 대책
(종합부동산세)

• 종합부동산세의 도약
• 2020년 8월 국회 통과

임대사업자 등록제도의 변천

모든 가구가 집을 가질 수 있을까?

네 번째 키워드는 '임대사업자 등록제도'입니다. 대한민국 43.8%, 대략 874만 5천 가구가 무주택 가구입니다(2018년 기준). 이들 모두가 집을 소유하는 것이 과연 현실적으로 가능한 일일까요? 그렇지 않을 것입니다.

누군가는 평생을 주거 세입자로 삽니다. 그들을 위한 정책이 필요합니다. 노무현 정부의 청와대 국정과제 비서관 등으로 재직하며 종합부동산세 설계를 주도한 인물 가운데 한 명인 김수현 선생도 같은 생각을 했습니다. 그가 이명박 정권 시절인 2011년 5월에 〈프레시안〉에 기고한 글(「다주택자를 '진정한' 애국자로 만드는 방법」)을 소개합니다.

"우리나라에서 자기 집에 사는 비율은 56%밖에 안 된다. 다른 곳에 자기 집이 있는 경우까지 합하면 61%. 서울은 그보다 10%는 낮을 것이다. 국민의 절반 가까이가 남의집살이를 하는 셈이다. 그중 공공 임대주택과 건설 임대사업자 소유 주택에 거주하는 경우를 빼면 전체 가구의 약 30%, 500만 가구는 개인 다주택자 소유 주택에서 살아가고 있다.

(…)

자신이 살지 않고 임대하는 주택은 모두 등록해야 한다. (…) 등록된 임대주택에 대해서는 세입자의 연속 거주권을 인정하라. 이른바 자동계약 갱신제다. 그리고 임대료 인상도 일정 수준 이하로 억제하라. 이런 것들은 억지가 아니라 선진국들이 모두 하는 민간 임대차 제도들이다.

(…)

우리나라에서 모든 가구가 내 집이나 공공 임대주택에서 살아갈 수는 없다. 전체 가구의 1/3 정도는 내 집 마련이 불가능하다는 점을 인정하자. 또 공공 임대주택을 무한정 늘릴 수도 없다. 최대치가 10~15% 정도일 것이다. 그러면 20% 정도의 가구는 민간소유 임대주택에서 살아갈 수밖에 없다. 이들의 주거를 안정시키는 것이 목표라면 민간 임대차 제도를 근대화시키는 방향으로 가는 도리밖에 없지 않은가?"

내용을 좀 요약하자면 이렇습니다.

- 내 집 마련이 불가능한 이들이 존재한다. 그들을 위한 정책을 제안한다.
- 임대인을 모두 '임대사업자'로 등록하게 하자.
- 그렇게 등록된 (임대사업자의) 민간 임대주택에 대해서는 (주거 세입자가 임대차 계약을 갱신할 수 있는) '연속 거주권'과 (임대차 계약 갱신 시에 임대료 인상 수준을 억제하는) '임대료 상한제'를 적용하자.
- 그리하면 등록된 민간 임대주택에서 살아가는 주거 세입자들의 주거권이 향상될 것이다.

이 주장의 핵심은 '연속 거주권'과 '임대료 상한제'가 아닌 '임대인을 모두 임대사업자로 등록하게 하는 것'에 있습니다. 왜냐하면 이 글이 기고될 때는 이미 등록된 임대사업자의 임대주택에 대해 5년 또는 10년의 임대 의무기간과 최대 5% 등의 임대료 상승률 제한이 적용되고 있었기 때문입니다.

민간 임대주택 등록 활성화의 시작, 박근혜 정부

시간이 흐릅니다. 이명박 정부를 거쳐 박근혜 정부가 탄생합니다. 아이러니하게도 김수현 선생의 꿈을 현실에서 구현해보려 한 건 박근혜 정부입니다. 박근혜 정부는 2015년 1월 13일 주거 세입자들의 주거 안정성을 높이기 위해 "장기간 거주할 수 있고 임대료도 안정적으로 관리되는 등록 민간 임대주택의 재고가 충분히 확보될 필요"가 있다며 민간 임대주택 등록 활성화를 위한 '뉴스테이 정책'을 발표합니다.*

NEW STAY 정책

당시 정부가 밝힌 민간 임대주택 시장의 상황은 다음과 같습니다.

- 등록된 민간 임대주택은 취득 방식에 따라서 주택을 직접 건설하여 임대를 주는 '❶ 건설 임대'와 이미 건설된 주택을 매입하여 임대를 주는 '❷ 매입 임대'로 구분되는데, 둘 다 임대 의무기간이 5년 또는 10년형이다.
- ❶ 건설 임대는 다시 정부로부터 기금이나 택지를 지원받아 건설하는 '❶-❶ 민간건설 공공 임대'와 그러한 지원이 없는 '❶-❷ 민간건설 일반 임대'로 구분된다.
- '❶-❶ 민간건설 공공 임대'는 임대 의무기간이 5년 또는 10년이며, 입주 자격, 초기 임대료, 분양 전환가격 등에 있어서 LH 등 공공이 건설하는 임대주택과 동일한 규제를 적용받는다.
- '❶-❷ 민간건설 일반 임대'는 5년의 임대 의무기간과 최대 5%의 임대료 상승률 제한 외에는 별도의 규제가 없다.

---

* 임대사업자 등록제도는 1984년 12월에 제정된「임대건설촉진법」이 1994년 4월에 「임대주택법」으로 이름을 바꾸어 전면 개정되며 도입된 제도입니다. 뉴스테이 정책과 임대사업자 등록제도를 혼동하여 해당 제도가 박근혜 정부 시절에 도입되었다고 아는 분들이 많아 첨언합니다.

- '② 매입 임대'는 임대 의무기간이 10년인 '❷-❶ 준공공 임대'와 5년인 '②-② 민간 임대'로 구분되며 '❷-❶ 준공공 임대'가 상대적으로 세제·기금 혜택이 크다.
- 등록된 민간 임대주택의 재고는 2006년 84만 호에서 2013년 64만 호로 23.8% 감소하였다.

이 중 등록 민간 임대주택의 구성과 임대 의무기간을 표로 정리하면 다음과 같습니다.

	등록 민간 임대주택			
	❶ 건설 임대		❷ 매입 임대	
	❶-❶ 민간건설 공공 임대	❶-❷ 민간건설 일반 임대	❷-❶ 준공공 임대	❷-❷ 민간 임대
의무임대기간	5년 또는 10년	5년	10년	5년

박근혜 정부는 2015년 1월 13일 이것을 8년 임대 의무기간의 장기임대와 4년 임대 의무기간의 단기임대로 단순화하겠다고 밝힙니다. 그 내용을 표로 정리하면 다음과 같습니다.

등록 민간 임대주택			
❶ 건설 임대		❷ 매입 임대	
❶-❶ 민간건설 공공 임대	❶-❷ 민간건설 일반 임대	❷-❶ 준공공 임대	❷-❷ 민간 임대
의무임대기간 8년	4년	8년	4년

임대인의 임대사업자 등록을 독려하기 위해 양도세, 취득세, 재산세, 소득세, 법인세 등의 감면안과 각종 융자 지원안도 내어놓습니다. 굳이 지면을 할애하여 그것들을 자세히 살피지는 않겠습니다. 여기서 중요한 건 '바로 이때부터 등록 민간 임대주택에 대한 적극적인 인센티브가 부여되기 시작했다'는 사실입니다.

문재인 정부의 민간 임대주택 등록 활성화 정책

시간은 흘러 2017년 봄 박근혜 정부가 퇴진하고 문재인 정부가 들어섭니다. 그와 함께 청와대 사회수석으로 김수현이 임명됩니다.[*]

문재인 정부는 박근혜 정부의 민간 임대주택 등록 활성화 정책에 더욱 박차를 가합니다. 대통령 취임 약 3개월 후인 2017년 8월 2일 문재인 정부는 8.2 부동산 대책을 통해 다주택자들의 "세금·기금·사회보험 등 인센티브를 강화"해 "자발적 임대주택 등록을 유도하여 (…)

---

[*] 김수현 사회수석은 2018년 11월 정책실장으로 승진합니다.

사회적 책임을 강화"할 것이며 "인센티브 확대에도 자발적 등록이 저조할 경우 일정 수 이상의 주택을 보유한 다주택자의 임대주택 등록 의무화 방안도 검토"할 것 이라며 '임대주택 등록 활성화 정책'에 대한 운을 뗍니다. 그리고 그 구체적인 내용을 2017년 12.13 부동산 대책에서 발표합니다.

주택 사재기 수단으로 전락한 민간 임대주택 등록 제도

결론부터 말하자면, 문재인 정부의 정책을 통해 구현된 김수현 선생의 꿈은 실패합니다. 정부는 2020년 7.20 부동산 대책을 발표하며 2017년 12.13 부동산 대책의 내용 대부분을 철회합니다. 2019년 6월 김수현 정책실장은 김상조 공정거래위원장에게 자리를 물려주고 청와대를 떠납니다. 다음은 그에 관한 짧은 해설입니다.

민간 임대주택 등록 활성화 정책은 일종의 '우회 정책'입니다. '연속 거주권'과 '임대료 상한제'를 통해 주거 세입자의 주거 안정성을 높일 요량이면, 주거 세입자 보호를 위한 법률인 「주택임대차보호법」을 직접 개정하여 주거 세입자의 거주 보호 기간을 늘리고 임대인의 과도한 임대료 인상을 막으면 될 일입니다. 그런데 박근혜 정부와 문재인 정부는 그러지 않았습니다.

임대인에게 각종 인센티브를 주어 '연속 거주권'과 '임대료 상한제' 장치가 포함된 민간 임대주택의 등록을 적극 독려하였습니다. 다주택자들은 그 독려 과정에서 민간 임대주택 등록에 설계된 '다른 어떤 뜻밖의 장치'를 발견하게 되었습니다.

바로 종합부동산세 합산 배제 장치입니다. 종합부동산세는 전국에 있는 주택을 인(人)별로 합산하여 과세합니다. 그런데 임대사업자는 그 특성상 주택을 여러 채 가질 수밖에 없습니다. 그래서 일정 기준을 충족한 임대사업자에 대해서는 종합부동산세 합산을 배제해줍니다. 그 탓에 '일정 기준을 충족한 임대사업자'는 종합부동산세 세계에서만큼은 주택이 100채여도 1채, 1,000채여도 1채가 됩니다.* 즉 임대사업자 등록을 하면 집이 100채가 있어도, 1,000채가 있어도 종합부동세가 0원일 수 있게 되는 겁니다. 이러한 내용을 확인한 투자자들은 외쳤습니다. '유레카!'

부동산 투자자들이 앞 다투어 민간 임대주택 등록을 하기 시작했습니다. 각종 인센티브도 취하면서 종합부동산세까지 피할 수 있는 젖과 꿀이 흐르는 세상을 발견한 것입니다.

정부는 다주택자들이 주택을 쓸어가는 현상을 자랑스럽게 선전했습니다. 2018년 4월 18일 자 국토교통부 보도자료를 봅시다. 일단 제목이 "3월 임대사업자 등록 사상 최대치 기록"입니다.

"국토교통부(장관 김현미)는 올해 3월 한 달간 3만 5,006명이 임

---

* 종합부동산세 합산 배제 장치가 박근혜 정부 시절에 설계되었다고 아는 분이 많습니다. 사실은 그렇지 않습니다. 종합부동산세 합산 배제 장치는 종합부동산세가 처음 탄생할 때 함께 설계되었습니다. 이는 조금만 생각해보면 바로 답이 나오는 문제입니다. 임대사업자는 그 업의 특성상 주택을 여러 채 보유할 수밖에 없기 때문입니다. 만약 임대사업자가 보유한 주택을 모두 합산하여 종합부동산세를 과세한다고 하면, 임대사업자는 임대사업을 영위하기가 정말 어려울 것입니다.

대사업자(개인)로 신규 등록하여 사상 최대치를 기록하였다고 밝혔다. 이는 '17.3월에 등록한 임대사업자(4,363명) 대비 8배 증가한 수치이며, 전월(9,199명)과 비교해서도 3.8배나 증가한 수치이다. (...) 국토교통부 관계자는 "작년 12월 발표한 임대주택 등록 활성화 시책의 효과가 본격화되면서 임대등록이 빠른 추세로 늘어나고 있다."고 말하면서 "양도세, 종합부동산세 등의 혜택 기준이 바뀐 4월 이후에도 취득세, 재산세, 양도세, 종합부동산세 등의 감면 혜택이 크고, 특히 내년 분리과세(임대소득 2천만 원 이하) 정상 시행을 앞두고 있어 큰 폭의 건강보험료 경감 혜택을 고려할 때 임대사업자 등록이 여전히 유리할 것"이라고 밝혔다."

2018년 5월 11일 국토교통부 보도자료에서는 "임대사업자로 등록할 경우 "내년 1월부터 정상 부과가 예정된 연 2천만 원 이하의 임대소득에 대한 임대소득세·건강보험료가 큰 폭으로 경감되는 점, 8년 이상 임대주택에 대한 양도소득세의 장기보유 특별공제율 혜택도 크게 확대(50 → 70%)되는 점 등을 고려할 때 임대사업자 등록이 꾸준히 증가할 것으로 보인다."며 임대사업자 등록 혜택에 대해 다음의 표로 친절히 안내해주기도 합니다(다음 쪽의 표 참조).

임대사업자 등록 혜택 비교

□ **4년 단기임대주택 등록**

구 분		혜택
국세	임대소득세	• 필요경비율 70%로 조정('19년~) • '19년부터 2천만 원 이하 소득도 정상 과세하되 임대소득세 30% 감면(6억 원, 85㎡ 이하)
지방세	취득세	• 공동주택·오피스텔 대상으로 면적에 따라 100~75% 감면
	재산세	• 공동주택·오피스텔 대상으로 면적에 따라 100~50% 감면
건강보험료		• '19년부터 정상부과하되 인상분 40% 감면

□ **8년 준공공 임대주택 등록**

구 분		혜택
국세	양도세	• 조정대상지역 내 매각 물건이더라도 양도소득세 중과 배제 • 8년 이상 임대 시 양도차익의 70%를 장기보유 특별공제('19년~)
	종합부동산세	• 과표 계산 시 합산 배제
	임대소득세	• 필요경비율 70%로 조정('19년~) • '19년부터 2천만 원 이하 소득도 정상과세하되, 임대소득세 75% 감면(6억 원, 85㎡ 이하)
지방세	취득세	• 공동주택·오피스텔 대상으로 면적에 따라 100~75% 감면
	재산세	• 공동주택·오피스텔 대상으로 면적에 따라 100~50% 감면

임대사업자 상위 30명이 1만 1,029채 보유

민주평화당 정동영 의원이 국토교통부로부터 받아 2019년 9월 19일에 발표한 '임대사업자 등록 현황'에 따르면, 2019년 6월 말 기준으로 전국 등록 임대사업자 상위 30명의 보유 임대주택 수는 1만 1,029채입니다. 1인당 평균 367채씩 가진 셈이고, 서울 강서구에 거주하는 40대 임대사업자는 594채를 임대주택으로 등록했습니다. 그를 포함 전국에서 18명이 각 300채 이상의 임대주택을 운영하고 있었습니다.

상위 30위 임대사업자

순위	임대사업자 주소	이름	등록 주택 수	연령
1	서울특별시 강서구	진＊＊	594	48
2	서울특별시 마포구	김＊＊	584	41
3	광주광역시 서구	신＊＊	529	68
4	서울특별시 양천구	이＊＊	490	63
5	경산남도 양산시	노＊＊	484	58
6	경기도 용인시 기흥구	박＊＊	452	47
7	서울특별시 강남구	이＊＊	441	46
8	전라북도 전주시 완산구	장＊＊	427	41
9	경상남도 창원시 성산구	강＊＊	395	52
10	충청북도 충주시	문＊＊	393	80
11	충청남도 천안시 서북구	윤＊＊	393	50
12	광주광역시 남구	정＊＊	369	47
13	서울특별시 서초구	홍＊＊	365	58
14	충청남도 천안시 동남구	이＊＊	364	53
15	서울특별시 광진구	김＊＊	362	71
16	전라북도 순창군	김＊＊	356	46
17	서울특별시 영등포구	이＊＊	341	52
18	전라남도 목포시	이＊＊	336	68

19	서울특별시 강남구	이＊＊	299	69
20	강원도 동해시	김＊＊	299	93
21	서울특별시 광진구	박＊＊	298	82
22	서울특별시 서초구	사＊＊	292	58
23	충청남도 계룡시	이＊＊	287	54
24	서울특별시 은평구	강＊＊	283	53
25	제주특별자치도 제주시	김＊＊	277	63
26	서울특별시 양천구	박＊＊	276	31
27	경기도 부천시	김＊＊	276	48
28	서울특별시 양천구	이＊＊	263	50
29	서울특별시 중랑구	윤＊＊	255	50
30	서울특별시 송파구	문＊＊	249	40
총계			**11,029**	**56**

출처 : 국토교통부 자료·정동영 의원실

임대사업자 등록 제도, 약인가 독인가

결국 각계에서 임대사업자 등록 독려 정책에 비판이 잇따릅니다. 그러자 정부가 2020년 2월 28일에 다음과 같은 주장을 합니다.

"임대등록제는 사적 임대주택에 거주하는 임차인의 주거 안정 지원을 위해 '1994년에 도입되었으며, 도입 이후부터 역대 정부마다 다양한 세제 혜택' 등을 통해 지원해왔다. [제도 도입 이후 다양한 보유세·거래세 감면을 추진, 특히 '14년에 양도세 장기보유 특별공제·임대소득세 감면 등을 추가 반영 (⋯)]

(⋯) 등록임대 활성화(2017. 12.13) 발표 이후에는 신규 임대등록

이 급증(2017년 말 25.9만 명·98만 호 → 2019년 말 48.1만 명·150.8
만 호)하여 등록 임대 재고의 양적 확대를 통해 민간 임대 거주 임
차인의 주거 안정에 기여하였다고 평가된다.
* 등록임대주택 중 대다수는 공시가격 6억 이하(91.9%), 다세대·
다가구 주택 등 비(非) 아파트(74.4%)로서 최근 서울의 고가·아
파트 중심의 주택 가격 상승세와 연관성이 낮음"

요컨대 이런 내용입니다.

- 등록임대주택에 대한 각종 세제 혜택은 (내용의 차이가 조금씩은 있
  지만) 역대 정부들도 해왔다.
- 등록임대주택 중 대다수는 공시가격 6억 원 이하(91.9%), 다세대·
  다가구 주택 등 비(非) 아파트(74.4%)이기 때문에 최근 서울의 고
  가·아파트 중심의 주택 가격 상승세와 연관성이 낮다.

첫 번째 주장은 맞습니다. 이미 앞에서 박근혜 정부의 뉴스테이 정
책을 살폈으니 자세한 설명은 생략하겠습니다.
그러나 두 번째 주장은 고개가 갸우뚱해집니다. 일단 등록임대주
택 중 종합부동산세 합산 배제 조건에 부합하려면 등록 당시 주택의 공
시가격이 6억 원 이하(수도권 기준)여야 합니다(이후에 오르건 말건 상관 없
습니다). 그러니 종합부동산세 납부를 피한 채 집을 사 모으려는 다주
택자들은 공시가격 6억 원 이하의 주택을 사서 등록했을 것입니다. 여
기서 헷갈리면 안 되는 게 공시가격이 6억 원이지, 시가가 6억 원이라

는 게 아닙니다. 공시가격 6억 원 주택이면 시세로 8~9억 원 정도합니다. 또한 해당 주장에 인용된 비중, 즉 등록임대주택 중 비 아파트 비율 74.4%에 근거해 역산하면 총 등록임대주택의 25.6%는 아파트라는 이야기가 됩니다. 그렇다면 2019년 말 기준 등록임대주택 150.8만 호의 25.6%는 38만 6천 호니까 등록임대주택 중 아파트 숫자는 약 39만 호. 그리고 판교 신도시가 3만 호 규모이니까, 2019년 말 기준으로 판교 신도시 13배 규모에 달하는 수의 아파트가 등록임대주택으로 묶여 있다는 말이 됩니다.

결국 정부는 2020년 7.20 부동산 대책을 발표하며 임대사업자 등록 제도를 형해화합니다. 이제 그 흐름을 간략히 살핍니다.

임대주택 등록 활성화 방안 발표

2017년 12월 13일에 「임대주택 등록 활성화 방안」이 발표됩니다. 정부는 "사적(私的) 전·월세 주택의 세입자(임차 가구의 70%)의 주거 불안을 해소하기 위해 등록 민간 임대주택 확충방안을 마련"했다며 임대주택 등록 활성화 방안의 당위성을 다음과 같이 전합니다.

- 등록임대주택에는 (주거 세입자가 한 집에서 최소 4년을 거주하며 임대료 인상은 연 5%로 제한되는) 4년 형과 (주거 세입자가 한 집에서 최소 8년을 거주하며 임대료 인상은 연 5%로 제한되는) 8년 형이 있다.
- 집주인이 임대주택으로 등록을 하면 취득세·재산세 면제 등의 폭넓은 세제 감면 혜택을 받는다.
- 그런데 집주인 대부분이 임대주택 등록에 소극적이고 등록한다고 해도 대부분이(93%) 4년의 단기 임대 위주로 등록을 하고 있다. 임대주택으로 등록된 주택은 전체 사적 임대용 주택의 13%(약 79만 호)로 추정되므로 여전히 516만 호(임대용 주택의 87%)의 사적 임대용 주택에 거주하는 주거 세입자들은 잦은 이사와 과도한 임대료 상승 등으로 주거 불안에 수시로 노출되는 것이 현실이다(2016년 기준).

• 사적 전· 월세 주택의 세입자 주거 불안을 해소하기 위해 민간 임
대주택 등록에 따른 다주택자의 부담을 최소화하고 혜택은 늘려
집주인들이 자발적 임대주택 등록을 늘려나가야 한다.

이때 정부가 발표한 다주택자의 임대주택 등록에 대한 혜택은 크
게 4가지입니다.

이 중 2가지만 간략히 살펴보겠습니다.

지방세(취득세·재산세) 감면 확대

먼저 지방세(취득세·재산세) 감면 확대입니다. 임대주택으로 등록한
공동주택· 오피스텔에 대해 취득세· 재산세를 면적과 임대 기간에 따
라 차등하여 감면해주는 혜택이 있었습니다. 그것이 2018년 말에 끝날
예정이었는데, 2021년까지로 3년간 연장하기로 합니다.

아울러 재산세의 경우는 원래 '2호 이상 임대하는 8년 이상 임대
의 소형주택(40m²)'에 한해서만 100% 감면이 적용되었는데(그 나머지는

25~75% 감면), 2019년부터는 8년 이상 임대의 소형주택(40m²)'은 1호만 임대하는 경우에도 재산세 감면 혜택을 부여해주기로 합니다.

양도세 감면 확대

양도세 감면 확대에 대한 내용도 들여다봅시다. 이전까지는 임대 주택으로 등록을 하고 8년 이상 임대 시 양도세의 50%, 10년 이상 시 에는 70%를 공제해주었습니다. 그걸 일괄 8년 이상 임대 시 70% 공제 로 바꾸기로 합니다.

종합부동산세 합산 배제 기준 개선

혜택만 더 부여한 게 아닙니다. 일정 기준을 충족한 임대사업자 는 종합부동산세 합산을 배제하는 장치가 있었는데 그 기준을 강화합 니다. 기존에는 최소 5년 이상 임대를 해야 종합부동산세 합산을 배제 해주었는데, 그것을 (장기 임대차 유도를 위해) 8년 이상 임대로 바꿉니다.

혜택 축소의 흐름

「임대주택 등록 활성화 방안」 발표 이후 등록임대주택 관련 정책은

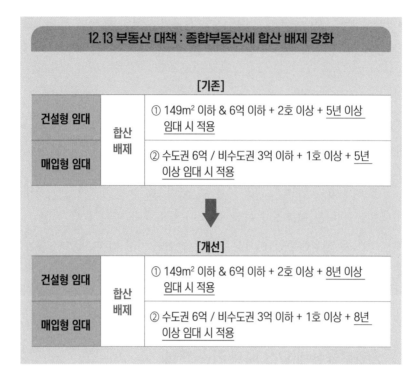

12.13 부동산 대책 : 종합부동산세 합산 배제 강화

		[기존]
건설형 임대	합산 배제	① 149m² 이하 & 6억 이하 + 2호 이상 + 5년 이상 임대 시 적용
매입형 임대		② 수도권 6억 / 비수도권 3억 이하 + 1호 이상 + 5년 이상 임대 시 적용

		[개선]
건설형 임대	합산 배제	① 149m² 이하 & 6억 이하 + 2호 이상 + 8년 이상 임대 시 적용
매입형 임대		② 수도권 6억 / 비수도권 3억 이하 + 1호 이상 + 8년 이상 임대 시 적용

'혜택 축소의 길'을 걷습니다. 그러다가 결국 2020년 7.10 부동산 대책에서는 해당 정책을 거의 포기하는 지경에 이르게 됩니다. 일단 2020년 7.10 부동산 대책까지의 주요 정책 변화를 압축적으로 살핍니다(혜택 축소의 흐름만 살피는 것이니 자세한 내용까지는 다루지 않겠습니다).

혜택이 축소되는 주택임대사업자 정책

2018년 9.13 부동산 대책에서는 1주택 이상자가 '조정대상지역에서 신규로 취득 및 등록하는 등록임대주택에 대해서는 양도세를 중과하고 종합부동산세를 과세하기로 합니다. 이어 「등록임대주택 관리 강화 방안」이라는 이름으로 발표된 2019년 1.9 부동산 대책에서는 '임대사업자의 거주 주택 양도세 비과세 요건을 강화'합니다. 2019년 12.16 부동산 대책에서는 등록임대주택의 지방세(취득세·재산세) 감면 혜택을 축소합니다.

한편, 정부의 이런 조처에 대해 시민사회단체 등은 기존 주택임대사업자에 대한 혜택을 소급해서 폐지하지 않는 것(특정일을 기준으로 임대사업자 제도를 완전히 없애지 않는 것)에 대해 유감을 표명합니다. 다음은 참여연대 논평 〈「주택시장 안정화 방안」에 대한 참여연대 입장〉(2019. 12.16.) 일부 내용입니다.

"기존 주택임대사업자에 대한 조세감면 축소는 부진정소급입법으로서 금지되는 소급입법이 아님에도 불구하고, 정부가 임대주택 등록제에 대한 소극적인 보완책만 추진하는 것은 심각한 문제"

여기서 '부진정소급입법'이라는 용어가 생소할 겁니다. '부(不)진정소급입법'이란 '진정한 의미의 소급(과거까지 거슬러 올라가 효력을 미치는) 입법이 아니하는 뜻'입니다. 다시 말해 관련 법률을 개정하여 특정일을 기준으로 임대사업자 제도를 완전히 없애도(이미 등록한 임대사업자가 앞으로 누릴 수 있는 혜택을 없앤다 하여도) 그것은 등록된 임대사업자들이 과거에 누린 혜택을 토해내는 것이 아니기 때문에 법리적으로 문제가 없다는 뜻입니다. '그럼에도 해당 조처를 하지 않는 것에는 문제가 있다!' 이것이 바로 금방 살핀 참여연대 논평의 요지입니다.

아파트 임대사업자 제도 거의 포기

「임대주택 등록 활성화 방안」 발표 후 약 2년 7개월 만인 2020년 7월 10일, 정부는 임대사업자 제도 중 단기임대(4년)는 신규 등록을 폐지하고(기존에는 4년→8년 유형 전환이 허용되었음. 신규 등록 효과와 유사한 단기임대의 장기임대(8년) 전환은 불허), 장기임대(8년)는 등록을 원칙적으로 허용하되 아파트의 매입 임대는 신규 등록을 폐지하기로 합니다. 결국 소급 폐지가 아닌 신규 등록 폐지로 방향을 잡은 것입니다.

또한 기존 등록임대주택은 임대 의무기간(4년, 8년 이상)에 상한이 없어 임대사업자가 희망하는 경우 영구적 등록 지위 유지 및 세제 혜택 유지가 가능했는데, 신규 등록이 폐지되는 단기(4년), 아파트 장기임대(8년) 중 매입 임대 유형은 최소 임대 의무기간 경과 시 자동으로 등록을 말소하기로 합니다. 이상의 내용이 2020년 8월 4일에 국회를 통과합니다.

등록임대주택 유형별 신규 등록 폐지·유지			
주택 구분		신규등록 가능 여부	
		매입 임대	건설 임대
임대	단기(4년)	폐지	폐지
	장기(8년)	유지(아파트는 폐지)	유지

지금까지 살펴본 주택임대사업자 등록제도에 관한 내용을 타임라인으로 정리해봅니다.

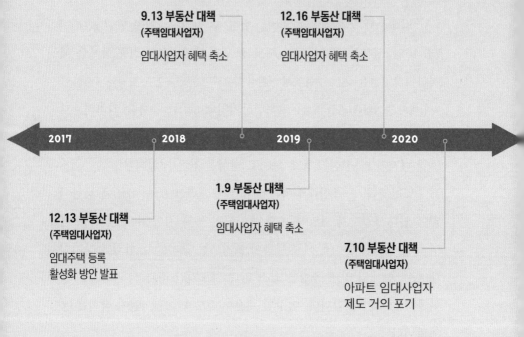

9.13 부동산 대책
(주택임대사업자)

임대사업자 혜택 축소

12.16 부동산 대책
(주택임대사업자)

임대사업자 혜택 축소

2017   2018   2019   2020

12.13 부동산 대책
(주택임대사업자)

임대주택 등록
활성화 방안 발표

1.9 부동산 대책
(주택임대사업자)

임대사업자 혜택 축소

7.10 부동산 대책
(주택임대사업자)

아파트 임대사업자
제도 거의 포기

키워드 5 : 임대차 3법

주거 세입자 보호 기간의 연장

「주택임대차보호법」의 개정

이번에 살필 키워드는 '임대차 3법'입니다. '임대차 3법'은 2020년 7월 30일에 국회를 통과한 다음 아래 3가지 내용의 법률 개정 사항을 지칭하는 용어입니다.

1. 주거 세입자에게 계약갱신 요구권을 주어 (기존 2년에서) 최소 4년의 주거 안정성을 확보하는 내용의 「주택임대차보호법」 개정
2. 주거 세입자가 계약갱신 요구권을 행사할 때 임대인은 기존 임대료에서 5%를 초과한 임대료를 요구할 수 없는 내용의 「주택

임대차보호법」 개정

3. 임대차 계약을 체결한 후에는 (매매 계약처럼) 실제 거래가격을
   신고하는 내용의 「부동산 거래 신고 등에 관한 법률」 개정

이 중 1과 2는 2020년 7월 31일부터 시행되었습니다(「주택임대차보
호법」 개정). 3은 2021년 6월 1일부터 시행됩니다 (「부동산 거래 신고 등에
관한 법률」 개정). 한편 언론은 이를 구분하기 위해 '임대차 3법'이 아닌
'임대차 2법'이라 부르기도 합니다.

「주택임대차보호법」 변천사

「주택임대차보호법」의 역사부터 간략히 살펴봅시다. 「주택임대
차보호법」은 1981년 3월에 제정·시행되었습니다. 애초의 「주택임대
차보호법」은 주거 세입자를 1년만 보호해주었습니다. 그것이 1989년
12월에 개정되어 우리에게 익숙한 주거 세입자 보호 기간 2년이 됩
니다. 그로부터 무려 31년 만인 2020년 7월 31일에 「주택임대차보호
법」에 의한 주거 세입자 보호 기간이 연장됩니다. 1년 보호에서 2년
보호로 연장하기까지 4년이 걸렸는데, 2년을 4년으로 연장하기 위해
서는 31년이나 필요했습니다.

그런데 왜 하필 4년으로 개정한 걸까요? 10년이나 20년으로 하면
안 될 이유가 있는 걸까요? 사실 주거 세입자 보호 기간이 4년이어야
하는 이유는 없습니다.

「주택임대차보호법」 개정 추진 과정에서 언급된 보호 기간은 다양했습니다. 그중 나름의 근거를 갖춘 주장은 6년과 10년입니다.

6년으로 늘려야 한다는 주장은 인권 및 주거·교육·정주권에 기초합니다. '인간적으로 아이들이 초등학교 입학할 때부터 졸업할 때까지는 (또는 중학교 3년 + 고등학교 3년은) 한동네에서 살 수 있도록 해주자'는 것입니다.

10년을 보호해주어야 한다는 주장은 상가 세입자가 적용받는 「상가건물 임대차보호법」과의 비교에서 도출되었습니다. 현행 「상가건물 임대차보호법」은 상가 세입자를 10년간 보호해줍니다. 10년이면 기존 「주택임대차보호법」이 주거 세입자를 보호해주는 기간의 5배입니다. 상가 세입자를 주거 세입자보다 특별히 더 보호해주어야 할 마땅한 이유는 없습니다. 따라서 상가 세입자를 10년 보호해주는 것이 타당하다면, 주거 세입자 또한 10년 보호해주는 것이 타당하다는 주장입니다.

한국공인중개사협회

「주택임대차보호법」을 개정하여 주거 세입자 보호 기간을 늘려야 한다는 주장에 모두가 공감했던 건 아닙니다. 반대하는 이들도 있었습니다. 대표적인 집단이 개업공인중개사들의 모임인 '한국공인중개사협회'입니다.

공인중개사란 공인중개사 자격증을 취득한 사람을 일컫는 용어입니다. 따라서 '장롱 면허'라고 해도 공인중개사라고 불립니다. '실제로 사무소를 차려 중개를 업으로 하는 사람'을 일컫는 용어는 '개업공인중개사'입니다.

그런데 그들은 왜 주거 세입자 보호 기간 확대에 반대하는 걸까요? '돈' 때문입니다. 개업공인중개사는 부동산 매매 및 임대차 중개로 먹고 삽니다. 따라서 주거 세입자 보호 기간이 2년에서 4년으로 늘어난다는 말은 2년마다 하던 주택임대차 중개를 4년마다 하는 것이므로 개업공인중개사 입장에서는 주택임대차 중개 소득이 절반으로 준다는 말과 같습니다. 6년으로 늘면 어떻게 될까요? 3분의 1로 줍니다.

한국공인중개사협회는 개업공인중개사의 이권 신장을 기치로 활동하는 단체입니다. 따라서 그들은 주거 세입자 보호 기간 확대를 적극 반대했습니다. 한 예로 한국공인중개사협회는 "「주택임대차보호법」에 계약갱신 요구권이 도입되는 걸 반대한다."는 내용의 공문을 청와대와 국토교통부, 법무부 등에 보낸 적도 있습니다.[*]

한국공인중개사협회가 주거 세입자 보호 기간 확대에 반대하는 이유는 크게 3가지입니다.

첫째, 본인들의 소득 감소 문제가 있습니다. 이에 대해선 금방 살폈으므로 곧장 다음으로 넘어갑니다.

둘째, 주거 세입자는 상가 세입자처럼 임차 공간에 상당한 수준의 인테리어 비용 등을 들이지 않기 때문에 상가 세입자처럼 중·장기의

---

[*] 한국공인중개사협회, 「'전월세 상한제' 및 '계약갱신청구권'에 대한 협회 입장 청와대 등 전달」, 2017.12.13, http://www.kar.or.kr/pnews/noticeview.asp?notice=1651

임대차 기간을 보장해줄 이유가 없다는 것입니다. 하지만 생각해봅시다. 주거 세입자들이 인테리어 등에 인색해서 주거 세입자 보호 기간이 2년이었던 걸까요? 아닙니다. 주거 세입자 보호 기간이 고작 2년이라서 주거 세입자들이 인테리어 등을 제대로 하지 않는 것입니다.

우리는 압니다. 「주택임대차보호법」이 개정되어 주거 세입자 보호 기간이 6년 또는 10년으로 늘어나면, 필시 많은 주거 세입자가 적지 않은 돈을 들여 임차 공간을 가꿀 것입니다(주거 세입자가 신혼부부라면 더욱더 그렇습니다). 쾌적한 공간에서 살고픈 것은 인지상정이니까요.

셋째, 주거 세입자 보호 기간이 연장되는 만큼 임대인이 보증금과 월세를 사전에 인상하여 전·월세 값이 급등할 수 있다는 겁니다. 이 '염려'에는 통계를 동원했습니다. 1989년 12월에 주거 세입자 보호 기간이 1년에서 2년으로 연장되었는데 (주거 세입자 보호 기간 2년이 본격 시행된) 1990년의 한국감정원 통계를 보니 전국 전세가가 16.8%나 올랐다는 겁니다.

하지만 해당 통계로 우리가 알 수 있는 건 아무것도 없습니다. 한국공인중개사협회는 1990년 16.8%의 전국 전세가 상승을 일컬어 '폭등'이라고 표현합니다. 그것이 정말로 '폭등'이라면 주거 세입자 보호 기간이 아직 1년이던 1989년의 17.5%와 1988년의 13.2%, 1987년의 19.4% 전국 전세가 상승도 '폭등'이어야 합니다.

오히려 전세가 폭등은 주거 세입자 보호 기간이 2년으로 늘어난 후에야 잡힙니다. 같은 통계에 따르자면 1991년의 전국 전세가는 1.9% 밖에 오르지 않습니다. 1992년에는 7.5%, 1993년에는 2.4%, 1994년에는 4.6% 오르는 것에서 그칩니다. 따라서 우리는 이를 근거로 하여

한국공인중개사협회와는 완전히 다른 방향의 주장을 펼칠 수도 있습니다.

한국감정원 통계를 분석해보니
주거 세입자 보호 기간을 연장하는 것이
전세가를 안정시키는 것으로 나타났다!

어쨌든 주거 세입자 보호 기간은 2020년 7월 30일에 4년으로 국회를 통과하였습니다.

지금까지 살펴본 내용을 타임라인으로 정리해봅니다.

2017　　　　**2018**　　　　**2019**　　　　**2020**

7.29 부동산 대책
(임대차 3법)

2020년 7월 30일
임대차 3법 국회 통과

다주택자에게 부담으로 다가온 부동산 대책

길 위로 나온 집주인들

이번에 살필 키워드는 '다주택자 시위'입니다. 다주택자의 첫 시위는 2020년 7월 18일에 서울 중구 예금보험공단 앞에서 있었고, 7월 25일에 두 번째 시위가 같은 장소에서 있었습니다. 8월 1일에는 을지로와 청계천 주변에 모여서 세 번째 시위를 했습니다.

세입자들이 거리에 나와 주거권 향상을 외치는 모습은 일반적입니다. 그런데 집주인들이 나와서 시위를 하는 모습이라니 참으로 생경합니다. 이는 정부의 부동산 대책이 다주택자들에게 부담으로 다가오기 시작했다는 방증이므로 특기할 만한 가치가 있습니다.

기사도 하나 옮깁니다.

"땀 흘려 집 산 게 죕니까" 부동산 규제 강화에 길거리로 나온 시민

25일 청계천에서 7.10 대책, 임대차 3법 등 반대 시위 열려

"땀 흘려 번 돈으로 집 사는 게 죄입니까. 집주인이 왜 차별받아야 합니까."

25일 서울 중구 예금보험공사 앞에서 정부의 고강도 부동산 규제에 반대하는 촛불집회가 열렸다. 정부와 여당이 투기수요 차단을 명목으로 6.17 대책, 7.10 대책, 임대차 3법 등 강한 규제를 쏟아내자 통해 다주택자와 임대사업자 등 이에 항의하는 이들의 자리가 마련된 것이다.

이날 집회는 '6.17 규제 소급적용 피해자 구제를 위한 시민모임', '7.10 취득세 소급적용 피해자 모임' 등이 주최했다. 이날 집회 참가자들은 청계천 남측 170여ｍ 도로·인도를 가득 메울 정도로 운집했다. 주최 측은 참가자를 5,000명으로 추산했다.

참가자들은 이날 촛불을 들고 "임대인도 국민이다", "임대 3법 철회하라", "6.17 부동산 대책 철회하라", "집주인이 봉이냐", "대통령은 퇴진하라" 등 구호를 외쳤다.

'시민모임' 인터넷카페 대표로 자신을 소개한 한 중년 여성은 연단에 올라 "자유시장 경제에서 본인이 피땀 흘려 집 사고 월세 받는 것이 왜 불법이고 적폐인가", "투기는 너희(정부 여당)가 했지 우리가 했나."라고 물어 호응을 받았다.

그는 "저는 지방 도시 다세대 건물주"라면서 "선천적으로 아픈 아이 때문에 대학병원 근처로 이사하려고 아파트 분양권을 샀는데 규제지역으로 지정되면서 이사 계획에 차질이 생겼다."고 토로했다. 잔금 대출 조달에 큰 어려움이 생겼다는 그는 "제가 사는 지방은 부동산 거래가 실종돼 처분도 안 되고 전세라도 주려고 하니 취득세를 수천만 원 물리더라."고 말했다.

이어서 발언권을 얻은 임대사업자협회 추진위원회의 한 40대 회원은 "나라에서 내라는 취득세·재산세·종합부동산세를 다 냈고 한 번도 탈세한 적 없이 열심히 산 사람"이라며 "2018년에는 임대사업 등록을 하면 애국자라고 하더니 이제는 투기꾼이라고 한다."고 목소리를 높였다. 그는 "자녀 교육을 위해서 이사하려고 했는데 저는 다주택자이고 임대사업을 하고 있어서 취득세를 12% 내야 할 지경"이라고 말했다.

한 여성은 주택 매도 날짜가 며칠 늦어지는 바람에 일시적 3주택자가 됐는데, 이번 규제조치로 내야 할 세금이 순식간에 8,000여만 원 늘었다고 호소했다. 지방에서 소형 아파트 임대사업을 하고 있다는 또 다른 참가자는 "주변 아파트 공급이 많아져 보증금 2,000만 원에 월세 10만 원을 받는 처지"라면서 "이 와중에 종합부동산세 6%를 내라니 마른하늘에 날벼락이 따로 없다."고 토로하기도 했다.

출처 : 아시아경제 임온유 기자

이 내용을 타임라인으로 정리하면 다음과 같습니다.

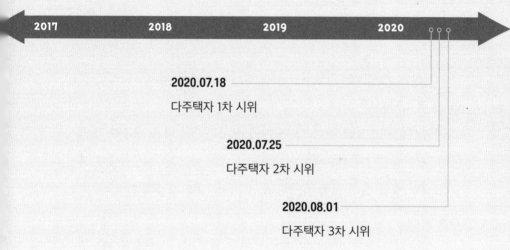

2017   2018   2019   2020

2020.07.18

다주택자 1차 시위

2020.07.25

다주택자 2차 시위

2020.08.01

다주택자 3차 시위

대통령과 정당 지지도

마지막 키워드는 여론입니다. 앞에서 저는 민심에 관해 이런 말을 한 적 있습니다.

"민심을 거스르고 강한 것 한 방을 행했다가는 다음 대통령 선거에서 그 강한 것 한 방의 폐지를 공약으로 내건 다른 정치 세력에게 정권을 내주어 현 정부 정책의 거의 모든 것이 '말짱 도루묵'이 될 수도 있습니다."

책임 있는 정치 세력은 민심을 무시한 채로, 즉 국민들 의사를 무시한 채로 정책적인 의사 결정을 내릴 수가 없습니다. 민심을 읽는 보편적인 도구는 여론조사입니다. 리얼미터의 여론조사를 살펴봅시다.

대통령 국정 수행 평가

2020년 7월 16일에 발표된 문재인 대통령 국정 수행 평가 여론조사 결과*입니다. 대통령 국정 수행에 관한 긍정 평가와 부정 평가가 처음으로 역전하는 현상이 발생합니다. 고공 행진을 하던 문재인 대통령 국정 수행 평가 긍정 응답률이 2020년 7월 들어 50% 밑으로 떨어지더니, 3주차에는 부정 응답이 긍정 응답을 앞지릅니다.

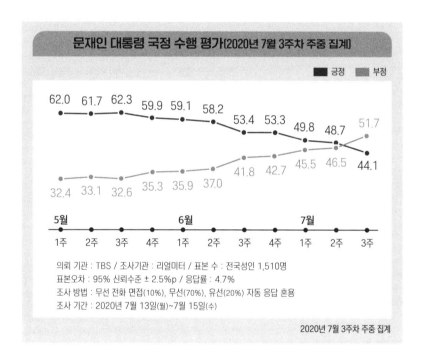

문재인 대통령 국정 수행 평가(2020년 7월 3주차 주중 집계)

■ 긍정 ■ 부정

62.0 61.7 62.3 59.9 59.1 58.2 53.4 53.3 49.8 48.7 51.7 44.1

32.4 33.1 32.6 35.3 35.9 37.0 41.8 42.7 45.5 46.5

| 5월 | | | | 6월 | | | | 7월 | | |
| 1주 | 2주 | 3주 | 4주 | 1주 | 2주 | 3주 | 4주 | 1주 | 2주 | 3주 |

의뢰 기관 : TBS / 조사기관 : 리얼미터 / 표본 수 : 전국성인 1,510명
표본오차 : 95% 신뢰수준 ± 2.5%p / 응답률 : 4.7%
조사 방법 : 무선 전화 면접(10%), 무선(70%), 유선(20%) 자동 응답 혼용
조사 기간 : 2020년 7월 13일(월)~7월 15일(수)

2020년 7월 3주차 주중 집계

* 리얼미터, 「7월 3주 차 주중 동향」, 2020.07.16.

정당 지지도

이번에는 정당 지지도입니다. 리얼미터에서 2020년 8월 13일 발표된 내용입니다. 일단 대통령 국정 수행 평가에 대한 부분은 여전히 부정이 긍정을 앞선 상태(부정 52.5%, 긍정 43.3%)입니다. 정당 지지도를 봅니다. 문재인 정부 들어 처음으로 미래통합당이 더불어민주당 지지율을 역전했습니다.[*]

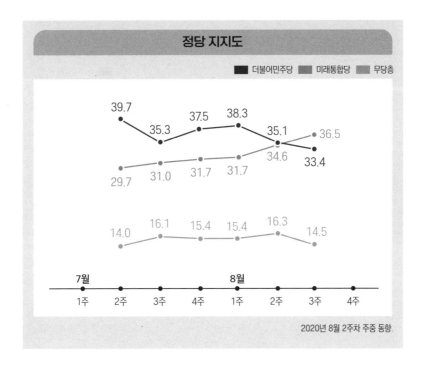

정당 지지도

■ 더불어민주당　■ 미래통합당　● 무당층

39.7
35.3
37.5
38.3
35.1
36.5
34.6
33.4
29.7
31.0
31.7
31.7

14.0
16.1
15.4
15.4
16.3
14.5

7월　　　　　　　**8월**
1주　2주　3주　4주　1주　2주　3주　4주

2020년 8월 2주차 주중 동향.

---

* 　리얼미터 「8월 2주차 주중 동향」, 2020.08.13.

이 내용을 타임라인으로 정리하면 다음과 같습니다.

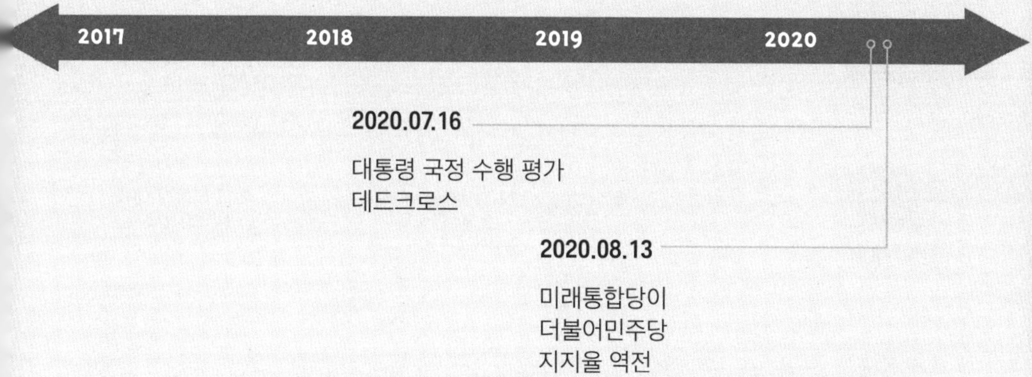
2017
2018
2019
2020
2020.07.16
대통령 국정 수행 평가
데드크로스
2020.08.13
미래통합당이
더불어민주당
지지율 역전

2017   2018

정치

2017.05.09
제19대 대통령 선거
더불어민주당 문재인 후보 당선
정당별 국회의원 의석 수(더불어민주당 120석,
자유한국당 107석, 국민의당 40석, 바른정당 20석,
정의당 6석, 새누리당 1석, 무소속 5석)

대출

6.19
부동산 대책
첫 부동산 대책
발표

8.2
부동산 대책
본격적인 부동산
대출 규제 시작

9.13
부동산 대책
전방위로 압박하는
대출 규제

**종합
부동산세**

9.13 부동산 대책
• 종합부동산세를 손보기 시작
• 2018년 12월 국회 통과

**임대
사업자
등록제도**

12.13 부동산 대책
임대주택 등록
활성화 방안 발표 대책

9.13 부동산 대책
임대사업자 혜택 축소

**임대차
3법**

**다주택자
시위**

여론

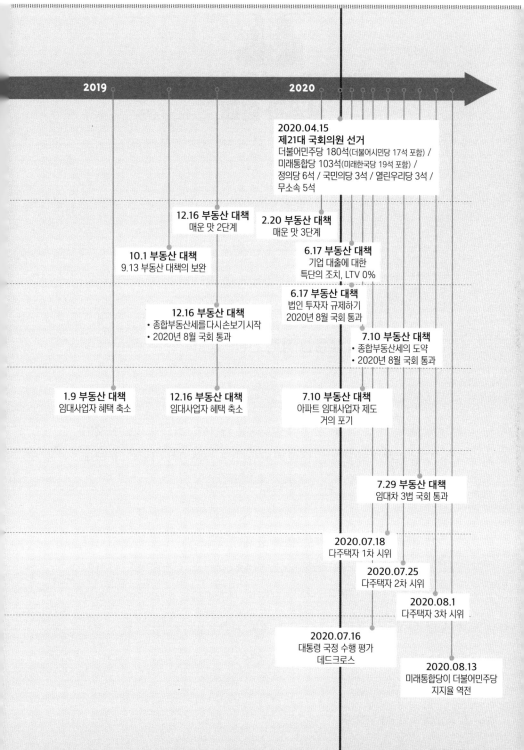

2019　　　　　　**2020**

2020.04.15
제21대 국회의원 선거
더불어민주당 180석(더불어시민당 17석 포함) /
미래통합당 103석(미래한국당 19석 포함) /
정의당 6석 / 국민의당 3석 / 열린우리당 3석 /
무소속 5석

12.16 부동산 대책
매운 맛 2단계

2.20 부동산 대책
매운 맛 3단계

10.1 부동산 대책
9.13 부동산 대책의 보완

6.17 부동산 대책
기업 대출에 대한
특단의 조치, LTV 0%

6.17 부동산 대책
법인 투자자 규제하기
2020년 8월 국회 통과

12.16 부동산 대책
• 종합부동산세를 다시 손보기 시작
• 2020년 8월 국회 통과

7.10 부동산 대책
• 종합부동산세의 도약
• 2020년 8월 국회 통과

1.9 부동산 대책
임대사업자 혜택 축소

12.16 부동산 대책
임대사업자 혜택 축소

7.10 부동산 대책
아파트 임대사업자 제도
거의 포기

7.29 부동산 대책
임대차 3법 국회 통과

2020.07.18
다주택자 1차 시위

2020.07.25
다주택자 2차 시위

2020.08.1
다주택자 3차 시위

2020.07.16
대통령 국정 수행 평가
데드크로스

2020.08.13
미래통합당이 더불어민주당
지지율 역전

문재인 정부 부동산 정책의 성공과 실패

21대 총선 후의 부동산 정책 전환

이제 앞서 살핀 7가지 키워드를 종합해봅시다('종합타임라인' 참조) 진갈색 세로선을 그은 21대 총선일(2020년 4월 15일)을 기준으로 문재인 정부 부동산 대책의 색깔이 완전히 바뀝니다. 그뿐만이 아닙니다. 정국도 180도 전환합니다. 다음은 이에 대한 해설입니다.

21대 총선 이전의 정부는 대출 규제에 집중하는 모습을 보입니다 (총 6회 규제 사항 변경). 왜 그랬을까요? 대출 규제가 집값을 잡는 즉각적인 정책이기도 했지만, 여당인 더불어민주당이 단독으로 법안을 처리할 만큼 의석수를 확보하지 못했기 때문입니다(재적 국회의원 과반이 회의에 참석하여 그중 과반이 찬성해야 법안이 국회를 통과합니다).

실례로 더불어민주당은 정부가 2019년 12.16 부동산 대책을 통해 내어놓은 종합부동산세 개정안을 처리하지 못한 채 20대 국회를 마감합니다(종합 타임라인 진갈색 선 왼쪽 참조). 이후 더불어민주당은 21대 총선에서 승리하며 국회 과반 의석을 획득합니다. 단독 법안 처리가 가능한 의석을 확보한 더불어민주당은 곧장 밀린 부동산 규제·개혁 법안을 처리합니다. 종합 타임라인 진갈색 선 오른쪽을 봅시다. 임대차 3법은 2020년 7월 30일에 국회를 통과하고, 2019년 12.16, 2020년 6.17, 7.10 부동산 대책에 포함된 종합부동산세 안이 2020년 8월 4일에 국회를 통과합니다.

그러자 다주택자들이 시위를 하기 시작합니다(종합 타임라인 진갈색 선 오른쪽 참조). 이전까지 침묵하던 다주택자들은 대체 왜 갑자기 거리로 나온 걸까요? 그간의 각종 부동산 대책이 누적되어 드디어 그들이 규제를 피부로 느낄 수 있는 수준까지 이르게 된 것입니다. 이것이 문재인 정부 4년 차인 2020년 8월의 상황입니다.

문재인 정부의 성공한 부동산 정책

문재인 정부(그리고 여당인 더불어민주당)는 현재 2가지를 성공(또는 '거의 성공')했습니다.

첫째, 집권 여당인 더불어민주당이 부동산 정책에 관한 법률들을 단독으로 처리할 수 있을 만큼의 국회 다수 의석을 얻는 데 성공했습니다.

둘째, 부동산 대출 관련 꼼수를 잡는 데 '거의 성공'했습니다. 노무현 정부 시절 부동산 투자자들과 지금의 부동산 투자자들은 기술 측면에서 비교할 바가 못 됩니다. 그들을 좇으며 부동산 대책의 빈틈을 메우는 데 거의 성공했습니다. 우리는 앞에서 문재인 정부의 부동산 대출 규제의 변천을 살폈습니다.

정부가 개인 대출을 막으니 부동산 투자자들은 사업 대출을 일으켰습니다. 정부가 담보 대출을 막으니 전세 대출로 도망갑니다. 2017년에는 단순하던 대출 규제 표가 2020년에는 정신을 차리고 살피지 않으면 뭐가 뭔지 도무지 알 수 없을 만큼 복잡해진 것만 보아도 부동산 투자자들의 꼼수 개발은 가히 혀를 내두를 정도였습니다.

정부는 그 뒤를 열심히 좇으며 규제의 허술한 틈을 거의 다 막았습니다. 제가 지금 '거의 다'라는 표현을 쓰는 이유는 도대체 이 영민한 투자자들이 또 어떤 꼼수를 개발할지 몰라서입니다.

문재인 정부의 실패한 부동산 정책

한편, 문재인 정부는 다음 3가지를 실패했습니다.

첫째, 민간 임대등록제도 정책 안착에 실패했습니다. 처음에 문재인 정부는 민간 임대등록제도를 주거 세입자들의 주거권이 향상되며 다주택자들에게는 각종 세제 혜택 등을 주는 일거양득의 정책이라 여겼습니다. 하지만 그것은 결과적으로 주택 투기꾼들에게 '투기 꽃길'을 깔아주며, 대한민국 주택시장의 매물을 다주택자들이 쓸어가게 한 최악의 부동산 정책이 되고 말았습니다. 결국 정부는 2020년 7.10 부동산 대책을 통해서 임대사업자 제도를 형해화한 후 21대 총선을 통해 얻은 압도적 국회 의석을 바탕으로 「주택임대차보호법」 개정을 통한 주거 세입자 주거권 향상'이라는 정공법을 펼치기 시작합니다.

둘째, 메시지 관리에 실패했습니다. 일단 문재인 정부의 부동산 대책이 집값 잡기에 매몰된 경향이 있습니다. 진짜로 집값을 잡고자 한다면 메시지 관리 차원에서라도 집값 문제를 전면에 내세워서는 안 됩니다. 현재 대한민국 전체 가구의 56.2%가 집을 소유(2018년 기준)하고 있기 때문입니다. 생각해봅시다. 나에게 집이 있습니다. 그런 나는 내 집 값이 올랐으면 할까요? 떨어졌으면 싶을까요? 당연히 전자입니다.

이런 상황에서 집값을 잡겠다고 각종 규제 정책을 동원하면, 그건 곧 과반수 가구의 전 재산이나 다름없는 집값을 하락시키겠다는 메시지이기 때문에 주택을 가진 가구들은 날이 설 수밖에 없습니다. 애초에 '집값 잡기'가 아닌 '주거권 향상'을 기치로 각종 정책을 소개했다면 어땠을까요? 그랬다면 사유 재산 가치의 등락에 대한 국민의 민감한 반응을 어느 정도 희석할 수 있었을 겁니다. 무엇보다 '집값 잡기'가 정부 부동산 정책의 최종 목표인 것처럼 비춰지는 것은 우스운 일입니다. 집값 안정은 주거권 향상을 추구하는 과정에서 부수적으로 이루어지는 일종의 덤일 뿐입니다.

이보다 더욱 뼈아픈 메시지 관리 실패의 사례가 있습니다. 국민은 정부의 '진심'을 의심하고 있습니다. 지난 2019년 12.16 부동산 대책을 발표하며 청와대 노영민 비서실장이 '솔선수범'을 강조하면서 다주택자 청와대 고위 공직자들은 불가피한 사유가 아니라면 빠른 시일 내에 1채를 제외한 나머지 주택을 처분할 것을 권고하지만 그게 잘 안 지켜졌습니다. 그 탓에 2020년 7월 2일에 재차 권고가 있었습니다.

그런데 그것 역시 제대로 이행되지 않았습니다. 2020년 8월 7일 노영민 대통령 비서실장을 포함해서 비서실 소속 수석비서관 5명 전원이 문재인 대통령에게 사의를 표명했습니다. 그 6명 중 3명이 다주택자입니다. 청와대의 내부 사정이 어떻든 국민은 알 수 없습니다. 하지만 청와대가 대한민국 부동산과 관련한 모든 정보가 모이는 곳이고 앞으로의 정책 방향을 결정하는 곳이라는 건 다 압니다.

따라서 국민은 이렇게 생각할 수밖에 없습니다. '저들을 보아라! 결국엔 직보다는 집을 택했다!' 정보가 비대칭적으로 주어지는 상황에서 고급 정보를 지닌 고위 공직자들이 국민적 비난을 감수하며 다주택자의 길을 택하니 일반 국민으로서는 뭔가 큰 이유가 있을 거라고 해석할 수밖에 없습니다. 다시 말해 정부 고위 관료들이 다주택자의 삶을 택하는 과정을 전시하며 국민에게 앞으로도 집값이 오를 거라는 강력한 메시지를 주고 만 것입니다.

셋째, '84.6% 대 15.4%'의 전선 구축에 실패했습니다. 현재 정부는 각종 부동산 정책에서 무주택자와 1주택자를 함께 배려하고 있습니다. 대표적으로는 종합부동산세가 그렇습니다. 조정대상지역 내 2주택 및 3주택 이상자부터 따로 중과세를 적용합니다. 왜 그랬을까요? 다음의 통계 때문입니다.

이는 2018년 기준 주택 소유율 통계입니다. 대한민국에는 무주택 가구보다 유주택 가구가 더 많습니다. 따라서 현재 무주택 가구와 유주택 가구 사이에 전선을 그으면 다음과 같은 구도가 형성됩니다.

무주택 가구와 유주택 가구 사이에 전선을 형성하여 무주택 가구와 유주택 가구를 차별하면 현 정부는 대한민국 과반수를 차지하는 유주택 가구의 지지를 받지 못합니다. 따라서 이는 정무적으로 선택하기 무척 어려운 수단입니다(만약 무주택 가구가 85%고 유주택 가구가 15%였다면 사정이 달랐을 겁니다). 하여 무주택 가구와 1주택 가구를 더해서 84.6%, 다주택 가구는 15.4%. 이렇게 아래와 같은 전선을 형성했습니다.

그러면 '서민·실수요자 보호'라는 기치 아래에서 무주택 가구만이 아닌 1주택 가구까지도 보호하는 문재인 정부의 부동산 정책 기조가 완성됩니다. 그런데 이 전선 형성이 실패했습니다. 현재 1주택 가구는 다주택 가구를 겨냥한 (그리고 무주택 가구와 1주택 가구를 보호하는) 정부의 부동산 정책을 지지하지 않습니다. 왜 그럴까요? 다주택자 매물을 끌어내는 과정에서 집값이 내려가면 결국 1주택자들의 집값도 내려가기 때문입니다. 집 한 채가 전 재산인 1주택자들이 그것을 반기지 않는 것입니다.

수많은 1주택자가 이렇게 말합니다. "내 집값이 올라 봐야 다른 집도 똑같이 올라서 집값 상승에 대한 이득을 누릴 수 없다." 사실일까요? 이런 설명은 본인이 살던 집을 팔아 비슷한 동네의 비슷한 규모 집을 사서 이사하는 경우에만 참입니다.

그런 방식을 취하지 않으면 집값이 올랐을 경우에 그 집의 소유자가 누릴 수 있는 혜택은 실로 많습니다. 일단 집값이 오르면 집값에 비례해 받을 수 있는 대출금액의 한도가 커집니다. 만약 주택연금을 신청해 받게 된다면, 어차피 살던 집에서 평생 연금을 받는 것인데 집값이 연금 지급 시점의 가격에 기초하기 때문에 1주택자라고 해도 오르는 게 좋습니다.

이 밖에도 살던 집을 처분하고 아파트를 단독주택으로 바꾸거나 서울에서 지방으로 내려가는 등의 변주를 통해서 얼마든지 집값 상승분을 현금으로 융통하여 활용할 수 있습니다. 무엇보다 돈이 의미하는 것은 '가능성'이기 때문에, 즉 현금화를 해서 여러 방면으로 활용할 수 있는 가능성이 열리기 때문에 어쨌든 집값이 오르는 것은 1주택자에게도 좋은 일입니다.

한편, 1주택 가구에 있어서 집값이 오르기를 바라는 마음보다 더욱 절실한 것이 있습니다. 바로 '집값이 내리지 않아야 한다'는 마음입니다. 특히 최대한의 대출을 끌어모아 집을 장만한 경우 집값이 하락하면 졸지에 대출 원금이 집값을 밑도는 깡통 주택이 될 수도 있어 그 마음이 더욱 절실해집니다. 그런 가구에게 정부의 집값 잡는 정책은 본인을 '하우스 푸어'로 만드는 정책인 것입니다. 밀린 부동산 개혁 법안 등이 국회를 통과하자 대통령 지지율이 데드크로스가 나는 이유 중 하나입니다.

사실 정부 입장에서는 이 부분이 가장 큰 난제입니다. 문재인 정부의 부동산 대책이 답답하다며 속 시원한 정책들을 입에 올리기 좋아하는 이들은 대한민국 과반수 가구가 이미 주택을 소유하고 있다는 통계를 살피지 않은 사람일 가능성이 큽니다. 상상해봅시다. 우리가 대통령이 됐습니다. 집값을 잡아야겠습니다. 문득 이런 통계를 봅니다.

집값, 대체 어떻게 해야 할까요?

자가보유율과 주택소유율

주택 소유 통계는 보통 국토교통부와 통계청의 자료가 많이 인용됩니다(이 책에서는 통계청의 자료를 사용했습니다.).

주택 소유 여부에 대해 국토교통부의 '자가보유율'과 통계청의 '주택소유율'에는 차이가 있는데, 차이가 발생하는 이유는 다음과 같습니다. 일단 자가보유율은 가구를 대상으로 법적 소유 여부에 관계없이 실질적인 소유 여부에 대한 인식을 조사한 것이기 때문에 행정자료(등기)로 주택의 법적 소유현황을 파악하여 작성하는 '주택소유율'과는 다르게 나타납니다.

예를 들면 국토교통부의 주거실태조사에 따른 '자가보유율'은 오피스텔(준주택)과 같은 주택 이외의 거처가 있는 가구는 자가보유로 포함될 수 있지만, 통계청의 주택소유통계에 따른 '주택소유율'에는 포함되지 않습니다. 또한 분양권을 소유하거나 신규주택에 입주하였으나 아직 미등기 상태인 무주택가구도 주거실태조사의 자가보유율에는 포함될 수 있으나 통계청의 주택소유율에는 포함되지 않습니다.

자가보유율 및 주택소유율 비교

구분	자가보유율	주택소유율
조사 방식	실질적인 소유여부에 대한 인식조사(등기 여부와 무관)	법적 소유현황에 대한 행정자료조사(등기 완료 시 포함)
조사 대상	오피스텔 등 주택 이외의 거처 포함	주택 이외의 거처 미포함

따라서 주택소유율이 더 보수적인 자료라고 할 수 있겠습니다. 실제 2018년 기준 자가보유율은 61.1%입니다.

집값 안정과 민심 사이의 부동산 대책

　제 주위 상당 수의 유주택자가 문재인 정부의 부동산 대책에 대해 '피도 눈물도 없다'는 식의 말을 합니다. 그러나 부동산 덕후로서 제가 느끼는 이미지는 그것과는 거리가 멉니다. 사실 문재인 정부는 국민의 민원을 적극 수렴하며 부동산 정책을 펴나가고 있습니다.

　가령 민간택지에 대한 분양가 상한제가 그렇습니다. 정부는 2019년 8.12 부동산 대책을 통해서 "분양가 상승은 인근 기존주택 가격 상승을 견인하여 집값 상승을 촉발하고 결국 실수요자의 내 집 마련 부담을 가중할 우려"가 있다며(분양가 상승 → 기존 주택으로 수요 이동 → 기존 주택 상승 → 분양으로 수요 이동 → 분양가 상승) "민간택지 분양가상한제 적용지역 지정 요건이 매우 엄격하여 (…) 서울도 상한제 적용이 불가한 상황"이니, 민간택지에 대한 분양가 상한제 적용 기준을 개선하겠다고 밝힙니다. 그러면서 관련 내용이 "이르면 10월 초 공포·시행될 예정"이라고 밝힙니다.

　그런데 시행 시기에 대해 건설사와 재건축·재개발 조합 등이 '너무 급하게 추진된다'고 민원을 제기합니다. 결국 그것이 받아들여져 2020년 4월 29일로 시행일이 6개월 연장됩니다(추후 이것은 코로나19로 조합원 총회가 어렵다는 이유로 다시 3개월이 연장되어 7월 29일 이후 입주자 모집 공고를 신청하는 아파트 단지부터 적용·시행됩니다).

　하나 더 살펴봅니다. 이번에는 잔금 대출 문제입니다. 우린 앞에서 LTV 규제가 변화하는 과정을 살폈습니다. LTV 규제가 변하면 그 이후에 받는 대출은 당연히 그 변화에 따라 대출을 받을 수 있는 한도가 변합니다. 그런데 2020년 6.17 부동산 대책 발표 이후 상당수가 '우리는 이전의 LTV를 적용해달라!'고 요구하는 황당한 일(?)이 발생했습니다.

보통 아파트를 당첨 받으면 분양가의 10%인 계약금을 내고, 60% 규모의 중도금은 여러 차례 나누어 내다가 마지막에 30%의 잔금을 납부합니다. 이에 많은 당첨자가 일단 분양가의 60%까지 중도금 대출을 받은 뒤에 잔금을 납부할 시점에 시세의 70%로 일반주택담보대출(잔금 대출)을 받아 이전에 받은 중도금 대출을 갚는 전략을 씁니다. 이는 잔금 대출이 중도금 대출과 다르게 분양가가 아닌 시세를 기준으로 이루어지기에 가능한 일입니다. 만약 계약금을 치르고 2~3년 후 잔금을 치르는 시점에 LTV가 그대로이면서 시세까지 껑충 뛰었다면, 이 방법을 활용하는 사람은 자기자본이 거의 없어도 (압도적인 양의 대출을 받아서) 새 아파트를 살 수 있습니다.

물론 이 방법은 나중에 중도금을 낼 시점에 주택의 시세가 분양가보다 떨어지거나 정부가 LTV 규제를 더 강화하면 쓸 수가 없습니다. 따라서 이 방식은 반드시 위험관리 차원에서 LTV가 변경되었을 경우에도 잔금을 치를 수 있는 만큼의 현금을 확보해놓고 임하는 것이 '정석'입니다. 그런데 그런 위험 관리를 안 하고 무작정 아파트를 분양받은 사람들이 있었던 겁니다. 그 와중에 정부가 규제지역을 넓히면서 그들이 당첨된 아파트가 규제지역에 편입되자 '우리는 이전의 LTV를 적용해달라!'고 요구하는 일이 발생했던 것입니다.

기존에도 규제지역을 확장하며 일관된 LTV 규제를 적용했던 정부는 그 사람들만 따로 특혜를 줄 수 없고 과거 규제지역을 신규로 지정하면서 적용한 사례를 열거하며* 총 3번에 걸쳐서(2020년 6월 23일, 24일, 7월 1일) "규제지역 신규 지정에 따른 잔금대출 등 집단대출에 대한 LTV 적용 기준은 그동안 일관되게 운영됐으며, 금번에 비규제지역에서 규제지역으로 신규 지정된 지역에서도 기존과 동일한 기준으로 LTV가 적용됨을 알려드립니다."라는 보도자료를 배포합니다.

더불어 규제지역 지정 이전에 분양받은 세대는 나중에 시세 기준으로 산정되는 일반주택담보대출을 받을 때 새로 바뀐 LTV 기준을 초과해서 중도금 대출을 받은 범위까지는 대출을 일으킬 수 있다는 사실도 (LTV 변경과 상관 없이 기존에 받았던 중도금 대출 한도 내에서 일반 주택담보대출을 받을 수 있다는 사실도) 친절히 안내해줍니다.

다시 여러분이 대통령이라고 생각해봅시다. 여러분이라면 어떻게 하겠습니까? 해당 민원을 수용하면 2020년 6.17 부동산 대책 이전에 꼼수를 쓰지 아니하고 잔금을 마련한 가계는 '룰을 잘 지킨 바보'가 됩니다. 반면 민원을 들어주지 않으면 위험관리도 하지 않고 스스로 위험에 뛰어든 게 사실이지만, 실로 많은 가계가 금전적으로 큰 손실을 입을 것입니다.

결국 정부는 2020년 7.10 부동산 대책을 발표하며 "규제지역 지정·변경 전까지 입주자모집 공고된 사업장의 무주택자 및 처분조건부 1주택자 잔금대출에 대하여 규제지역 지정·변경 전 대출 규제 적용"하

---

* • 서울 모든 지역 → 투기과열지구 지정(2017.8)
  • 광명·하남 → 투기과열지구 지정, 구리·광교지구 등 → 조정대상지역 지정(2018.8)
  • 수원 팔달, 용인수지·기흥 → 조정대상지역 지정(2018.12)
  • 수원 영통·권선·장안, 안양만안, 의왕 → 조정대상지역 지정(2020.2)

기로 하며 이들 민원을 수용합니다.

이게 많은 유주택자가 '피도 눈물도 없다'는 식으로 평가하는 문재인 정부의 부동산 대책 스타일입니다.

'집값을 잡는다'는 말의 다의성

이제 '집값을 잡는다'라는 표현에 대해 논할 시간입니다. 저는 지금까지 편하게 '집값을 잡는다'라는 말을 사용했습니다. 사실 '집값을 잡는다'라는 말은 굉장히 추상적입니다. 구체적으로 따지자면 여러분이 생각하는 집값 잡기와 제가 생각하는 집값 잡기가 다를 수 있습니다.

여러분은 '집값을 잡는다'는 말을 어떻게 받아들이고 쓰시나요? 전국 모든 집값 시계가 문재인 대통령 취임 이전(2017년 5월 이전)으로 되돌아간다? 즉 집값이 폭등한 속도보다 빠르게 폭락(대폭락)해야 한다? 아니면 일단 폭등 양상을 잡고 물가상승률 정도로만 완만하게 상승한다?

제 주위에는 서울 강북에 위치한 본인들 집값은 안 올라서 비정상이고, 서울 강남 지역 등의 집값은 너무 올랐기 때문에 비정상이라서 강남 집값은 한참 떨어지고 본인들 집값은 한참 올라야 그게 집값을 잡는 거라고 생각하는 사람도 있습니다.

언젠가 오랜만에 친구를 만났습니다. 저를 보자마자 이렇게 말하더군요.

"인간적으로 지금 집값 너무 오르는 거 아냐? 문재인 정부 정말
안 되겠어!"

녀석은 의자에 앉으며 바로 이렇게 말을 이어갔습니다.

"그런데 우리 집값은 왜 안 오르냐?"

집 가진 사람들의 마음이 이렇습니다. 이중적이거나 다중적입니
다. 언론 기사에는 '억!' 소리가 나게 오른 서울 반포동이나 한남동의
아파트 이야기로 도배되어있습니다. 우리가 사는 지역 이야기는 없습
니다. 우리 동네는 어떤가 싶어서 집 앞 부동산에 가 봅니다. 우리 아파
트는 신문에 나오는 그 아파트만큼 오르지 않았다고 합니다. 상대적 박
탈감을 느낍니다. 어쨌든 이건 분명합니다. 현재 국민 사이에서는 '집
값을 잡는다'라는 말 자체가 정돈이 되어있지 않습니다.

핀셋 규제의 이유

정부가 규제지역을 넓히는 과정을 두고 너무 좁은 면적만을 지정
한다는, 이른바 핀셋 규제를 한다고 답답함을 토로하는 분들도 있습니
다. 구체적으로는 'A 지역을 규제하면 인접 B 지역으로 투기의 불꽃이
옮겨붙을 것이다', '풍선 효과가 발생할 것이다'라고 말합니다.

하늘 아래 새로운 것 없고 내가 생각하는 것은 다른 사람도 생각

하기 마련입니다. 정부가 핀셋 규제에 의한 풍선 효과가 발생한다는 걸 모를 리 없습니다. 그런데도 핀셋 규제를 합니다. 왜 그러는 걸까요? 상당한 지역을 지정할 경우 해당 지역에 집을 가진 국민이 '억! 소리 나게 오른 동네만 규제를 가하지 왜 별로 오르지도 않은 우리 동네까지 규제하냐!'고 반발할 게 뻔하기 때문입니다.

그런 저항을 이겨내야 한다고요? 뚝심이 있어야 한다고요? 민심을 거스르는 정책을 무조건 밀어부쳤다가는 다음 대통령 선거에서 규제 지역 폐지를 공약으로 내건 다른 정치 세력에게 정권을 내어주며 현 정부 정책의 거의 모든 것이 '말짱 도루묵'이 될 수도 있습니다.

정부는 집값을 어떻게 하려는 걸까?

이제 핵심적인 이야기를 해봅시다. 과연 정부는 어느 정도를 목표로 하여 집값 잡기를 하고 있는 걸까요? 지금껏 정부는 앞으로 집값을 어떻게 하겠다는 것인지에 대해 뚜렷한 답을 내어놓은 적이 없습니다. 사실 그럴 수밖에 없습니다. 조금만 생각해보면 정부가 집값 관리 목표를 구체적으로 제시하는 것이 옳지 않다는 것을 알 수 있습니다.

가령 정부가 이런 발표를 한다고 가정해봅시다. "앞으로 3년 이내에 서울시 구로구에 있는 모든 아파트값을 2배 올리겠습니다!" 어떤 일이 벌어질까요? 나라가 아수라장이 될 겁니다. 타 지역에 사는 사람들이 말할 것입니다. "왜 하필 구로입니까? 우리 동네 집값도 올려주십시오!"

여러 이유로 구로에 사는 사람도 불만이 많을 것입니다. 가령 주거 세입자는 "집값 오르면 임대료도 덩달아 올라 우리는 쫓겨납니다!"라고 할 것이고, 아파트 매매 계약을 한 매도인은 매수인에게 전화를 걸어 "계약을 취소하겠다!"고 할 것입니다. 아파트가 아닌 주택을 소유한 사람들은 "다가구 주택도 집값을 2배로 올려달라!"고 할 것입니다.

만약 이렇게 정부가 구체적으로 특정 지역의 '집값'을 올리겠다는 발표를 하는 것이 부적절하다면, 같은 이유로 특정 지역의 집값을 어느 수준까지 내리겠다고 선언하는 것 역시 옳지 않습니다. 때문에 정부의 부동산 대책 관련 언어는 "투기 억제", "집값 안정", "실수요자 보호", "주거 안정"과 같은 추상적 틀에 갇히게 됩니다.

그럼에도 불구하고 우리는 유추할 수 있습니다. 다시 대통령이 되어봅시다. 집값을 잡아야겠습니다. 그런데 대한민국 과반수 가구가 유주택 가구라고 합니다. 나는 과연 집값을 하락시키는 걸 정책의 목표로 둘까요? 아니면 급격한 상승을 막고 물가상승률 정도로 완만하게 오르도록 관리하는 걸 정책의 목표로 설정할까요?

정부의 집값 잡기

실제 정부의 집값 잡기가 후자라는 방증은 상당합니다. 예컨대 이미 실패한 임대사업자 등록 제도가 그렇습니다. 정부는 왜 법리적으로 문제가 없는데도 임대사업자에 대한 특혜를 소급하여 폐지하지 않는 걸까요?

집값 하락이 두려운 겁니다. 앞에서 살핀 것처럼 2019년 말 기준으로 약 38만 6천 호의 아파트가 다주택자들의 등록임대주택으로 묶여있습니다. 다시 말해 임대사업자 혜택을 소급해서 폐지하면 상당한 양의 아파트가 매물로 나올 것이고, 아파트 외의 주택에 대한 혜택까지 소급폐지하면 다세대 주택 매물들도 한꺼번에 시장에 쏟아져 나옵니다. 이는 집값 관리의 목표를 '폭등을 잡고 물가상승률 정도로 완만하게 상승하는 쪽으로' 잡은 정부라면 쓰기 어려운 카드입니다.

하나 더 살펴봅시다. 정부가 추구하는 집값 잡기가 적어도 하향 안정화가 아니라는 것은 규제지역 지정 및 해제 움직임을 통해서도 알 수 있습니다.

어느 지역을 규제지역으로 지정해 집값 급등이 진정되었다고 해봅시다. 그럼 집값 하향 안정화가 목표인 정부는 집값이 다시 튀어 오르는 걸 막기 위해 해당 지역의 규제지역 지정을 그대로 둘 것입니다. 그러나 문재인 정부는 그렇게 하지 않았습니다.

부산 해운대구와 수영구, 동래구(이하 해·수·동) 이야기를 해보겠습니다. 해당 지역은 박근혜 정부 시절인 2016년 11월에 "가격상승률과 청약경쟁률이 전국에서 가장 높은 수준"이라며 조정대상지역으로 지정된 지역입니다.* 문재인 정부는 이걸 그대로 이어받습니다. 그리고 2019년 11월에 "부산광역시 동래구·수영구·해운대구 전 지역은 주택가격이 안정세를 보인다."며 "조정대상지역을 해제"합니다.**

그러더니 2020년 11월에는 다시 "조정대상지역 해제 이후 부산은

* 국토교통부 자료, 「실수요 중심의 시장 현상을 통한 주택시장의 안정적 관리방안」, 2016.11.3

안정세를 유지하였으나 올해 7월부터 상승 폭 확대 중"이며 "해운대구
는 거래량이 전년 같은 대비 3배 이상이고, 최근 외지인·법인 등 특이
주체 매수 비중도 증가하는 가운데, 연접한 수영·동래 (…) 구도 과열이
심화 중"이라며 다시 해당 지역을 조정대상지역으로 지정합니다.***

　　규제지역 해제 후 1년 만에 재지정. 이는 정부의 집값 잡기 목표가
하향 안정화였다면 있을 수 없는 움직임입니다.

**　국토교통부 자료, 「민간택지 분양가상한제 서울 27개 동 지정 조정대상지역 부산 3개 구 전부
해제, 고양·남양주 부분 해제」, 2019.11.6
***　국토교통부 자료, 「조정대상지역 지정을 통한 시장안정 기조 강화」, 2020.11.19

2장

집값을 둘러싼
전방위 공격

과반 의석을 확보한 더불어민주당이 잇따라 부동산 규제·개혁 법안을 통과시키자 일부 언론 등이 전방위적으로 문재인 정부의 부동산 대책을 흉보기 시작합니다. 그 내용은 크게 아래 4가지로 정리할 수 있습니다.

첫째, 바보야, 문제는 공급이야!
둘째, 임대차 3법으로 인해 전세난이 왔다!
셋째, 종합부동산세 폭탄이 떨어진다!
넷째, 호텔 거지가 되란 말이냐!

하나씩 차례로 살핍니다.

전방위 공격 1
공급을 늘려라

집값이 치솟자 일부 언론이 여러 전문가의 입을 빌려 '공급을 늘려야 한다'고 주장합니다. 주택의 공급이 부족하여 집값이 오른다는 것입니다. 하지만 앞서 살펴보았듯이 주택 보급률은 이미 100%를 넘어섰습니다. 그런데도 너무나도 많은 사람이 자기 이름의 집을 갖고 있지 못합니다. 누군가가 주택을 자꾸 사재기하고 있기 때문입니다.

집값을 잡을 수 있다

서울 아파트값은 문재인 정부 들어 계속 논란이 되고 있습니다. 과연 문재인 정부 들어 서울 아파트값이 오르는 이유가 이명박 · 박근혜

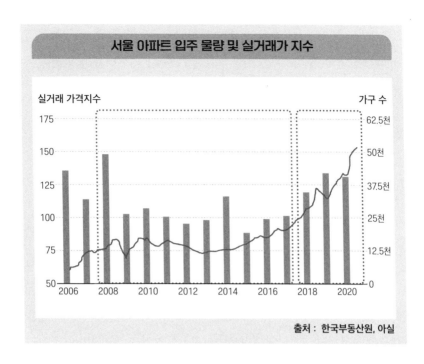

정부보다 입주 물량이 줄었기 때문일까요?

위 그래프를 보며 이야기를 나누어봅시다. 막대로 표현된 게 서울의 아파트 입주 물량입니다(출처 : 아실). 그렇습니다. 사실 문재인 정부 들어 서울 아파트 입주 물량은 이명박·박근혜 정부 시절보다 훨씬 늘었습니다.

이를 선으로 표현한 서울 아파트 실거래가 지수와 함께 봅시다(출처 : 한국부동산원). 공급, 즉 입주 물량이 부족해서 집값이 오르는 것이라면, 2019년과 2020년에 비해 현저하게 그 양이 적은 2010년대 초중반(이명박·박근혜 정권 시절)에는 왜 집값이 지금처럼 오르지 않았던 걸까요? 아니, 다른 기간에 비해 상대적으로 입주 물량이 급증했던 2018,

2019, 2020년에는 왜 집값이 오른 걸까요? 단순히 '주택 공급을 늘려야 집값을 잡을 수 있다'는 원론적인 말로는 이 데이터를 설명하지 못합니다.

그땐 그랬지

우리가 잊고 있는 것이 하나 있습니다. 집값은 오르기도 하고 내리기도 한다는 것입니다. 앞의 그래프 중 별색 점선 박스는 이명박·박근혜 정부, 회색 점선 박스는 문재인 정부입니다. 이명박·박근혜 정부 때는 우리가 '정말 저런 시절이 있었나?' 싶을 정도의 집값 조정기였습니다. 빚내서 집을 산 탓에 쪼들리는 이들을 일컫는 '하우스 푸어'라는 용어를 기억할 겁니다. 그 용어가 유행한 시절이 바로 별색 점선 박스 안의 기간입니다. 2010년 7월 한겨레에 MBC PD 수첩의 김재영 프로듀서가 쓴《하우스 푸어》에 대한 서평이 실린 적 있습니다. 집값 급등으로 인한 지금의 흥분을 가라앉히는 차원에서 당시를 떠올려 봅시다.

중산층 몰락 이끈 '악마의 아파트 매트릭스'

하류층 전락한 '집 있는 가난뱅이' 아파트 광풍 희생 최소 198만 가구
정부·언론·자본이 합세한 그물망 '투기 달인' 빠지고 개미들만 남아
아무리 일을 해도 절대빈곤의 굴레를 벗어날 수 없는 사람들을 워킹 푸어working poor라고 하더니, 이번엔 '하우스 푸어house poor'란 말 등장

했다. '집을 가진 가난한 사람들'을 가리킨다는데, 한국에서 집을 소유한다는 건 중산층이냐 아니냐를 가르는 하나의 지표일 수 있는데 이게 무슨 말인가?

MBC 〈PD수첩〉 김재영 프로듀서가 쓴 《하우스 푸어》를 보면, 하우스 푸어란 그냥 집을 가진 가난한 사람들이 아니라 집을 가졌기 때문에 가난한 사람들이다. 이때 '집'은 주로 아파트, 그것도 상대적으로 비싼 아파트를 가리킨다. 따라서 하우스 푸어란 주로 빚을 내서라도 더 좋은 아파트를 무리하게 샀다가 평온했던 일상을 파괴당한 사람들, '아파트 없는 중산층에서 아파트 가진 하류층으로' 전락한 사람들이다.

어쩌면 이미 진부한 담론일지도 모를 이 하우스 푸어를 구체적 사실들로 실증하는 것, 그리하여 주로 아파트 붐에 기댄 한국 부동산 거품과 가계부채 및 국가 부실 정도가 얼마나 아찔한 수준인지, 그리고 그것을 잡기는커녕 되레 부추기는 정부정책과 건설회사와 금융업체, 언론과 부동산업자들이 짜놓은 현란한 부동산 매트릭스가 얼마나 무책임하고 위험한 것인지를 가슴 서늘하게 체감하게 하는 것, 그것이 하우스 푸어의 최대 장점이다.

2006년 중반 109㎡(33평) 아파트가 6억 원을 넘어 7억 원을 향해 가던 시기에 더 오를 것이란 대박 꿈속에 4억 원 넘는 빚을 내 분당 신도시에 집을 산 김 씨. 반년 만에 아파트 호가가 1억 원 이상 껑충 올라 가슴을 설레게 하더니 2008년 9월 이후 떨어지기 시작해 5억 원대까지로 내려앉았고 그나마 매수세도 딱 끊겨졌다. 자산가치 하락으로 2억 원, 은행 이자와 거래 비용으로 1억 원 이상을 날렸다. 기회비용과

심신의 고통 등을 고려하면 손실은 계측 불능. 500여만 원 봉급 중 매달 300만 원 정도를 빚 원리금으로 내야 하는 대기업 중견간부 김 씨는 "은행의 월세 세입자이자 집의 노예"가 됐고 가족의 삶은 빚 좋은 개살구가 됐다. (…)

그러면 누가 이 악마의 매트릭스를 짜나? 여전히 수출만이 살길이라며 대기업, 토건 사업 위주 정책을 펴면서 당장의 성장과 경기 부양에 골몰하는 정부, 약탈적인 가계 부동산담보 대출 위주의 소매금융으로 큰 재미를 본 은행 등 금융회사, 그리고 선분양제로 땅 짚고 헤엄치면서 정치권 돈줄이 되고 고위 관료들의 미래 직장이 된 건설업계, 이들 철의 3각 동맹에 투기 선동을 통한 광고 물량 증대에 목매다는 언론과 각종 부동산 관련 연구소들, 투기알선업자들이 가세하고 있다. 여기에 오로지 자기 가족만의 재테크 대박을 꿈꾸며 부나비처럼 뛰어드는 일반 구매자들을 빠뜨릴 수 없지만, 악마의 매트릭스 속으로 내몰린 그들 각자에게 책임을 뒤집어씌울 순 없다.

기존 주택에만 총부채상환비율(DTI) 규제를 함으로써 분양주택을 사도록 유도하고, 실수요자가 아닌 다주택 보유자들이 마음껏 사서 돈 벌게 해주고, 종합부동산세 폐지와 양도소득세 감면이라는 특혜까지 안겨주는 아파트 거품으로 한국 경제를 위기로 몰아가는 주범은 바로 정부라고 홍종학 경원대 교수는 지적했다. 그래봤자 사교육과 토건 사업에 진을 빼는 저출산 고령화사회에서 장차 아파트 투기로 한몫 잡을 가능성은 갈수록 희박하다. 3각 동맹이 짜놓은 매트릭스에 더는 속아 넘어가지 말라는 얘기다.

밑 빠진 주택공급에 물 붓기

앞의 그래프만 보면 주택 공급과 집값 사이에는 인과관계, 더 나아가서는 상관관계도 없는 것 같습니다. 대체 왜 그런 걸까요? 우린 이미 답을 알고 있습니다. 다주택자들이 자꾸만 집을 더 사들이기 때문입니다.

서울에 새로 공급되는 아파트가 1채 있다고 가정해봅시다. 그때 다주택자 A가 새로 공급되는 그 아파트를 사들입니다. 그러면 무주택자가 가져갈 수 있는 아파트 매물은 제로(0)가 됩니다. 다주택자 A가 새로 공급되는 아파트 1채를 사지 않아도 무주택자가 살 수 있는 아파트 매물이 늘지 않는 경우도 있습니다. A가 부동산 중개 사무소에 들러 매물로 등록되는 재고 아파트 1채를 냉큼 사는 것입니다. 그럼 마찬가지로 무주택자를 위한 아파트 매물은 전혀 증가하지 않습니다.

무주택자의 구매 수요를 실수요라고 한다면 다주택자의 추가적 주택 구매 수요는 '투기적 수요'라고 부를 수 있습니다. 투기적 수요를 차단하지 않은 상황에서 새 아파트를 제아무리 계속 공급한들 그것은 밑 빠진 독에 물 붓기가 될 뿐입니다.

'투기 꽃길'을 걷는 다주택자

앞서 우리는 주택 공급 시장이 크게 두 축으로 나뉘는 것을 살폈습니다. 복기해보자면, 일단 신규주택 공급 시장이 있습니다. 택지를 조성해서 아파트 등을 새로 지어 공급하는 시장을 말합니다. 우리는 이를 청약 시장 또는 분양 시장이라고 부릅니다. 다음은 재고주택 공급 시장이 있습니다. 지금까지 지어진 모든 기성 주택들의 거래가 이루어지는 시장입니다.

둘 중 어느 시장의 크기가 더 클까요? 당연히 후자가 압도적으로 큽니다. 공급의 속도는 어디가 더 빠를까요? 후자가 더 빠릅니다. 아파트 등을 새로 지어 사람들이 입주하는 데는 최소 2~3년의 세월이 필요하지만 이미 지어진 아파트 등은 조건만 맞는다면 당장 내일이라도 이사를 할 수가 있으니까요.

일부 언론 등에서 말하는 공급은 전자의 시장을 말합니다. 그들은 뭉뚱그려 공급이라 말하지만 엄밀히 말하면 '신규주택 공급'인 것입니다. 화자가 이를 제대로 구분하지 않으면 청자는 필연적으로 재고주택 시장의 공급과 신규주택 시장의 공급을 헷갈리게 됩니다.

그런데도 전문가(정확히는 보수적 식견을 가진 전문가)들은 두 공급 시장을 제대로 구분하지 않습니다. 왜 그럴까요? 국민에게 재고주택 공급 시장이 있다는 걸 환기시키기 싫은 겁니다. 재고주택 공급 시장이 있다는 사실을 알게 되면 '어떻게 해야 다주택자들이 (재고주택 공급 시장에) 실거주 주택 외 여분의 주택을 내어놓을까?', 즉 '어떻게 해야 재고주택 공급 시장의 공급을 늘릴 수 있을까?'라는 여론이 형성될 것이기 때문입니다. 이 생각은 다음의 답을 쉽게 끌어냅니다.

'여러 채의 주택을 보유하고 있을 때 내는 세금인 보유세를 높여서 다주택자들이 많은 수의 주택을 보유하고 있는 걸 부담스럽게 만들자! 그러면 다주택 보유에 부담을 느낀 부동산 투자자들이 사재기해놓은 주택들을 시장에 내어놓을 것이다!'

전문가들이 '주택이 공급되는 만큼 다주택자들이 다시 주택을 사들이면 그 공급은 아무런 소용이 없다'라는 걸 설명하지 않는 이유도 이와 같습니다. '공급되는 주택을 다주택자들이 사들이지 못하게 하려면 어떻게 해야 될까?'를 고민하게 되면 그 답이 쉽게 '여러 채의 주택을 사들여 보유하는 것을 부담스럽게 만들자!'로 흐르기 때문입니다.

요컨대 다주택자들이 보유 중인 주택을 재고주택 시장에 내놓게 하는 방안과 그들이 주택을 더 사들이는 현상을 막는 방안의 결은 같습니다. (현 보유세 부과 체계 내에서 할 수 있는 건) 바로 종합부동산세를 강화하는 것입니다. 반대로 종합부동산세를 약화하면 다주택자들이 많은 수의 주택을 보유하고 있어도 부담을 느끼지 않으므로 시장에 주택을 내어놓지 않을 것이고, 새로운 주택도 계속해서 사들일 것입니다.

후자의 기제를 강화한 것이 임대사업자의 종합부동산세 합산 배제 장치입니다. 제가 앞에서 해당 정책을 "주택 투기꾼들에게 '투기 꽃길'을 깔아주며 대한민국 주택시장의 매물을 다주택자들이 쓸어가게 하는 데 도움을 준 최악의 부동산 정책"이라고 평가한 이유입니다. 종합부동산세 강화와 다주택자에 대한 종합부동산세 합산 배제 정책은 함께할 수 없습니다.

양도세를 낮춰라?

일부 언론 등이 재고주택 공급 시장을 아예 언급하지 않는 건 아닙니다. 양도소득세를 낮춰야 한다는 주장을 할 때만큼은 재고주택 공급 시장에 대한 말을 합니다. 물론 명시적으로 신규주택 공급 시장과 재고주택 공급 시장을 구분하여 설명하지는 않습니다.

사실 우리는 이미 집값을 잡는 확실한 방법을 알고 있습니다. 명제로 정리하면 다음과 같습니다.

보유세는 앞서 살핀 것처럼 다주택자들이 여분의 주택을 보유하고 있는 걸 부담스럽게 해서 재고주택 공급 시장에 이를 내어놓아야 비로소 무주택자들이 그 주택을 살 수 있기 때문에 높여야 합니다. 그렇다면 사고파는 세금인 거래세(취득세, 양도세)는 왜 낮추어야 하는 걸까요? 그래야 다주택자가 재고주택 공급 시장에 주택 매물을 내놓기가 쉽고, 한편으로는 무주택자도 주택을 사기가 쉽기 때문입니다.

일부 언론은 이런 '정석적 논리'에 기초해 '양도세를 낮춰야 한다!'라고 주장합니다. 맞는 말일까요? 그렇지 않습니다. 집값이 한참 오른 지금 양도세를 낮추어 달라는 말은 근래의 집값 폭등에 대한 차익을 실현할 수 있는 퇴로를 열어달라는 말에 불과합니다. 이것이 집값이 한참 오른 이때 공급을 늘리라고 말하면서 양도세 인하에 대해 이야기하는 이유입니다.*

지금 일부 언론은 '보유세는 높게, 거래세는 낮게'라는 말을 오용하고 있습니다. 해당 명제는 두 가지 성격의 세금에 대한 비교를 나타낸 것입니다. 여기서 보유세를 높여야 한다는 건 보유세가 거래세보다 높아야 한다는 겁니다. 반대로 거래세를 낮춰야 한다는 건 보유세보다 낮춰야 한다는 겁니다. 즉 다주택자가 느끼기에 주택을 보유하고 있는 것보다는 주택을 처분하는 것이 낫다는 생각이 들도록 '보유세의 압력'을 높여야 한다는 뜻입니다.

이 내용을 이미지화해봅시다. 입구가 막힌 1.5리터 콜라 페트병의 몸통을 어떤 사람이 힘껏 누르고 있습니다. 여기서 페트병의 입구를 막고 있는 마개는 거래세입니다. 거래세가 높을수록 꽉 잠겨있다고 생각하면 됩니다. 패트병의 몸통을 누르는 힘은 보유세입니다. 보유세의 부담이 높을수록 누르는 힘이 강한 것입니다. 마개(거래세)가 아무리 꽉 잠겨있어도(부담이 커도) 몸통을 누르는 힘(보유세 부담)이 그것을 넘어선다면(거래세 부담을 넘어선다면) 콜라는 결국 터져 나옵니다(주택은 결국 재고주택 시장에 공급될 겁니다).

---

* 양도세의 정확한 명칭은 '양도소득세'입니다. (부동산) 양도에 따른 '이익(소득)'에 매기는 세금인 것입니다. 즉 양도세는 부동산 투자자들의 수익률을 마지막 과정(양도)에서 컨트롤하는 이른 바 '결정적 세금'입니다.

살 만한 집이 부족하다?

어떤 이는 "살 만한 집, 즉 새 아파트가 부족하다!"고 주장하기도 합니다. 과연 그럴까요? 새 아파트의 공급량과 집값 사이에 상관관계가 없다는 데이터는 논외로 합시다. 그래도 이 주장은 오류입니다. 사실 우리에게 부족한 것은 '새 아파트'가 아니라 '저렴한 아파트 등'입니다. 위 주장은 새 아파트를 구매할 여력이 되는 소위 '돈 좀 있는 사람들'에게만 해당되는 말입니다. 헌 아파트 등도 살 만한 집으로 여기고 적극적으로 매매를 희망하는 보통 사람들을 소외하는 발언인 것입니다.

우리에게 50억 원이 있다고 가정해봅시다. 그 돈으로 살 만한 집을 구할 수 없을까요? 반드시 구할 수 있습니다. 살 만한 집은 많습니다. 다만 우리에게 50억 원이 없을 뿐입니다. 이번에는 우리에게 있을 법한 규모의 현금을 들고 밖에 나가봅시다. 우리는 과연 그 돈으로 살 만한 집을 살 수 있을까요? 없습니다. 부족한 건 살 만한 집이 아닙니다. 살 만하면서도 저렴한 집입니다.

여기서 누군가는 이렇게 반론을 펼칠지도 모르겠습니다. '그럼, 청약 시장의 높은 경쟁률은 어떻게 설명할 것이냐?' 현재 청약 경쟁률이 높은 근본 이유는 새 아파트가 부족해서가 아닙니다. 아파트에 당첨되면 소위 대박이 나기 때문입니다. 요즘 사람들은 청약 당첨을 로또에 비유합니다. 크게 2가지 이유에서입니다.

1. 일단 당첨만 되면 엄청난 시세차익을 얻을 수 있다.
2. 경쟁률이 높아 당첨되기가 어렵다.

전자는 상대적으로 저렴한 가격에 분양된 새 아파트가 추후에 주변 재고 아파트의 가격을 추종하여 가파르게 올라 벌어지는 현상입니다. 후자는 전자의 이유로 사람들이 대박을 노리고 새 아파트 청약에 대거 몰리기 때문에 생기는 일입니다.

결국 둘 다 새 아파트에 당첨되면 대박이 나기 때문에 일어나는 현상입니다. 일단 이런 대박을 노린 청약 수요가 한 축에 있습니다. 그리고 다른 한 축에는 기존 재고주택 시장의 집값이 너무 비싸서 상대적으로 저렴한 신규 아파트를 분양받으려는 수요가 있습니다.

그러니 결국 재고주택 시장의 주택 가격을 하락시켜서 (재고주택이 너무 비싸서 생기는) 신규주택에 대한 매매 수요를 재고주택 시장으로 분산하고 신규주택 당첨은 대박이라는 기대가 무너진다면, 청약 시장에 몰리는 청약 수요는 급감할 것입니다.

관련 자료를 살펴봅시다. 다음 페이지는 연도별 미분양 현황을 나타낸 그래프입니다. 과거 집값이 요즘처럼 오르지 않았을 때 미분양이 상당했다는 것을 알 수 있습니다.

실제 근래에 주위를 둘러보면 대박을 꿈꾸며 본인 소득 수준보다 무리한 조건의 아파트 청약을 넣는 이들이 왕왕 목격됩니다. 청약에 당첨되어도 시세 차익을 크게 얻을 수 없는 시절이 와도 그들은 지금처럼 청약에 도전할까요?

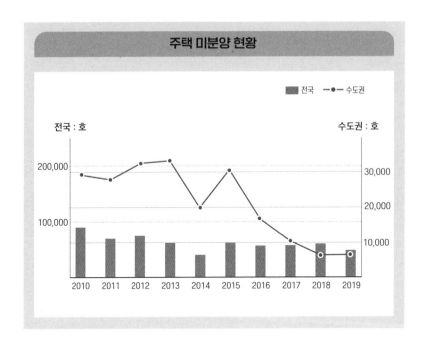

주택 미분양 현황

전국 : 호   수도권 : 호

그땐 그랬지

사람은 망각의 동물입니다. 하우스 푸어라는 말이 유행할 즈음에
실로 많은 언론사가 미분양 문제에 대해 논했습니다. 그때의 분위기가
담긴 2013년 1월 23일 자 신문 기사를 하나 옮깁니다.*

---

* 이데일리 「수도권 주택시장 4중고 '몸살'…해법은 없나?」, 2021.1.24

수도권 주택시장 4중고 '몸살'··· 해법은 없나?

작년 서울 집값 4.5%↓ ··· 외환위기 이후 최대 낙폭

수도권 주택거래량 27만여 건 ··· 06년 대비 40% 급감

수도권 미분양 3만4천여 가구 ··· 01년 이후 최고치 기록

위기 내몰린 수도권 주택시장 ··· "장기침체 나타날 수 있어"

"차라리 외환위기(IMF) 때가 나았습니다. 적어도 거래는 됐으니까요. 지금은 (거래를) 한 달에 1건도 못하는 중개업소가 수두룩합니다." (강남구 대치동 K 중개업소) 수도권 주택시장이 심상치 않다. 집값 하락이 가팔라지면서 주택 거래는 끊겼고 미분양 아파트는 다시 쌓이고 있다. 일각에선 외환위기 이후 최대 위기라는 말도 나온다.

박덕배 현대경제연구원 연구위원은 "집값 하락 심리로 매물이 한꺼번에 쏟아지면 가격이 폭락할 수도 있다."며 "새 정부는 시장 정상화를 위해 단편적인 세제 혜택이 아닌 획기적인 대책을 내놓아야 한다."고 강조했다. (···)

문제는 수도권 주택시장의 침체가 수도권에만 국한하지 않고 전국적인 현상으로 나타날 수 있다는 데 있다. 김태섭 주택산업연구원 연구위원은 "지방 주택시장도 분위기가 꺾이고 있어 자칫 일본처럼 장기침체에 빠질 가능성도 있다."고 말했다.

이 때문에 전문가들은 위험 수위에 다다른 수도권 주택시장 정상화를 위해 새 정부가 적극적인 거래 활성화 대책을 펼쳐야 한다고 입을 모은다. 하우스 푸어들의 퇴로를 열어 주기 위해서라도 규제를 풀어

야 한다는 것이다.

조만 한국개발연구원(KDI) 실물자산 연구팀장은 "주택시장의 위기가 지속되면 자산가치 하락으로 민간소비가 크게 위축될 수 있다."며 "취득세·양도세 감면으로 실수요자들이 거래에 나설 수 있도록 해줘야 한다."고 말했다.

박덕배 연구위원은 "수도권 중대형 미분양을 처분할 수 있는 획기적인 대책 마련이 필요하다."며 "중대형 미분양이 쌓여있는 한 집값이 오르기는 쉽지 않다."고 지적했다. 작년 11월 기준 수도권 미분양 아파트 중 59%인 2만 424가구가 전용 85㎡ 초과 중대형 아파트다. 특히 준공 후 미분양(1만 5465가구)의 78%(1만 2095가구)도 중대형이다.

세입자의 주거 안정성

주택 가격 통제를 통해 주택매매 수요를 줄이는 방식 외에도 무주택 세입자의 주거 안정성을 높여서 매매 수요를 줄이는 방법도 있습니다. 이사를 다녀본 분들은 다 알 겁니다. 이사하는 건 너무 힘이 듭니다. 오죽하면 '이사하기 힘들어서 집 사야겠다'는 푸념이 나올 정도입니다.

그런데 이는 절반만 진담입니다. 이사하기 힘들다는 말이 진담이고 집 사야겠다는 말은 농담입니다. 집은 너무 비싸서 마음 먹는다고 살 수 있는 게 아닙니다. 그런데도 주거 안정성이 너무 떨어지기 때문에 '내 집 없는 설움을 끝내기 위해' 무리하여 집을 구매하는 분들이 있습니다.

이들의 주거 안정성을 해결해주면 내 집 없는 설움을 끝내기 위해 무리하여 주택을 구매하는 수요를 진정시킬 수 있습니다. 큰 틀에서의 제도 개선 방법은 역시 「주택임대차보호법」을 개정하는 것입니다. 가령 현행 4년의 주거 세입자 보호 기간을 10년으로 연장하는 것이지요. 이번 「주택임대차보호법」 개정은 2년에서 4년으로 고작 2년 늘어난 것에 불과해서 주거 세입자들이 무리한 주택매매를 생각하지 않을 만큼 주거 안정성을 확보하는 데는 부족합니다.

임대차 3법에 의해
전세난이 왔다?

2020년 7월 30일. 임대차 3법이 국회를 통과합니다. 그날 국민의
힘 윤희숙 의원이 국회에서 해당 법안에 관련된 내용으로 "저는 임차
인입니다."로 시작하는 5분 연설을 합니다(물론 후에 그가 임대인이자 임
차인이라는 사실이 밝혀졌지만 크게 따져 묻지 않고 그냥 넘어갑니다). 그는 다
음과 같이 말합니다.

"제가 지난 5월에 이사했는데 이사하는 순간부터 지금까지 집주
인이 2년 있다가 나가라 그러면 어떻게 하나 하는 걱정을 하며 살
고 있습니다. 그런데 오늘 표결된 법안을 보면서 제가 기분이 좋
았냐, 그렇지 않습니다. 저에게 든 생각은 4년 있다가 꼼짝없이
월세로 들어가게 되는구나, 하는 생각이었습니다. 이제 더 전세

는 없겠구나. 그게 제 고민입니다."

기존 2년에서 최소 4년 계약이 되니 집주인이 전세를 월세로 전환할 것이라는 고민을 하고 있다는 겁니다. 더 들어보겠습니다.

"임대 시장은 매우 복잡해서 임대인과 임차인이 서로 상생하면서 유지될 수밖에 없습니다. 임차인을 편들려고 임대인을 불리하게 하면 임대인으로서는 가격을 올리거나 시장을 나가게 됩니다. 그러면 제가 임차인을 보호하는 것을 반대하느냐, 절대 찬성합니다. 그러면 어떻게 해야 하느냐. 정부가 부담해야 합니다. 임대인에게 집을 세놓는 것을 두려워하게 만드는 순간 시장은 붕괴하게 되어있습니다.

우리나라의 전세 제도는 모두가 아시겠지만 전 세계에 없는 특이한 제도입니다. 고성장 시대에 금리를 이용해서 임대인은 목돈 활용과 이자를 활용했고 임차인은 저축과 내 집 마련으로 활용했습니다.

그 균형이 지금까지 오고 있지만, 저금리 시대가 된 이상 이 전세 제도는 소멸의 길로 들어섰습니다. 그런데도 많은 사람이 전세를 선호합니다. 그런데 이 법 때문에 너무나 빠르게 소멸하는 길로 들어설 수밖에 없게 된 것입니다. 수많은 사람을 혼란에 빠트리게 된 것입니다. 벌써 전세 대란이 시작되었습니다.

제가 오늘 여기서 말씀드리려고 하는 것은 이 문제가 나타났을 때 정말 불가항력이었다고 말씀하실 수 있습니까? 예측하지 못했다, 이렇게 말씀하실 수 있습니까? 30년 전에 임대 계약을 1년에서 2년으로 늘렸을 때, 단 1년 늘렸는데 그 전 해인 1989년 말부터 임대료가 오르기 시작해서 전년 대비 30% 올랐습니다. 1990년은 전년 대비 25% 올랐습니다. 이렇게 혼란이 있었습니다. 그런데 이번에는 5%로 묶어놨으니 괜찮을 것이다? 지금 이 자율이 2%도 안 됩니다."

이 연설이 임대차 3법에 대한 '백래시backlash'* 포문을 엽니다. 일부 언론들은 기다렸다는 듯 해당 발언을 인용해 임대차 3법에 의해 전세가 사라질 것이라는 기사를 쏟아냅니다.

저금리 시대가 전세 제도를 없앤다?

일단 윤희숙 의원의 발언은 진실이 아닙니다. 왜 그런지를 살핍니다. 그는 이렇게 말합니다.

"저금리 시대가 된 이상 이 전세 제도는 소멸의 길로 이미 들어섰습니다."

---

* 사회정치적 변화에 대해 나타나는 반발 심리 및 행동을 이르는 말로 주로 진보적인 사회 변화에 따라 기득권층의 영향력이 약해질 때 그에 대한 반발로 나타납니다.

'임대인은 이자 수익을 얻기 위해 전세를 놓기 때문에 금리가 낮아지면 전세가 소멸한다'는 논리입니다. 보편적으로 통용되는 논리입니다. 예전에 박근혜 정부 시절 전세난이 왔을 때 박근혜 전 대통령도 "은행이자율이 뭐 그렇게 올라갈 이유도 없을 것이고 어차피 전세 시대는 이제 가게 되는 것"이라는 말을 한 적 있습니다. 이 말에 따르면 대한민국에 이런 임대인이 있다는 겁니다.

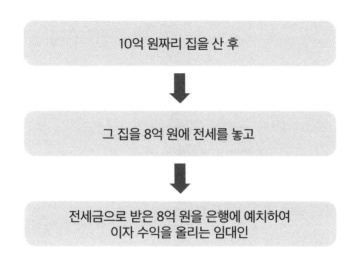

그래서 금리가 내려가면 그 임대인이 전세를 놓을 이유가 사라져 전세가 소멸한다는 겁니다. 그런데 잠깐 생각을 해봅시다. 그렇게 하면 2억 원에 대한 이자는 손해를 보는 거 아닌가요? 그러니까 차라리 돈 10억 원 전부를 은행에 넣어두는 것이 이득 아닌가요?

사실 지금의 전세 제도는 미래에 집값이 오를 것이라 생각해서 세입자의 보증금으로 현재 가격에 미리 집을 '찜'해두는 행위입니다. 조금만 따져보면 이내 답이 나옵니다. 집값이 오르지 않는다는 가정하에 전세 제도만큼 불합리한 제도는 없습니다. 내가 10억 원을 주고 집을 산 후에 다른 사람에게서 8억 원을 받고 그 사람을 살게 합니다. 즉 일단 전세를 놓으면 나는 돈 주고 산 그 집에 살 수가 없습니다. 그리고 보일러가 고장나면 어떻게 하죠? 내 돈을 들여 고쳐주어야 합니다. 세금은 어떻게 하죠? 세금 역시 내가 내야 합니다. 세상에 이렇게 이상한 제도가 어디 있습니까?

하지만 사람들은 전세를 놓습니다. 왜냐고요? 내게 10억 원은 없지만 그 집을 사고 싶은 겁니다. 이럴 때 전세를 끼고 집을 사면 2억 원으로 10억 원짜리 집을 살 수 있습니다. 게다가 전세금 8억 원은 집을 빌려주는 것에 대한 대가로 받은 것이니 세입자에게 이자를 납부하지 않아도 됩니다. 요컨대 집주인 입장에서 전세금은 '이자 없는 빚'입니다. 이렇게 이자 없는 빚을 이용해서 10억 원이 없는 사람도 10억 원짜리 집을 사는 것이 바로 지금의 전세 제도입니다.

2억 원으로 10억 원짜리 집을 산 후 집 주인은 가만히 시간을 보냅니다. 그러다가 나중에 그 집이 15억 원, 20억 원이 되면 팔아서 차익을 얻는 겁니다. 이게 지금 대한민국에서 전세 제도가 계속 유지되고 있는 거의 유일한 이유입니다.* 그러니까 현재 전세 제도가 존속하는 것은 임대인의 이자 수익과는 아무런 관련이 없습니다.

---

* 처음 전세 제도가 시작이 된 이유는 금융 시스템이 발달하지 못한 상황에서 사금융의 기능을 수행하며 시작되었습니다.

주거 세입자 보호기간이 늘어나면 전세가 폭등할까

윤희숙 의원은 이렇게도 말합니다.

"30년 전에 임대 계약을 1년에서 2년으로 늘렸을 때, 단 1년 늘렸
는데 그 전 해인 1989년 말부터 임대료가 오르기 시작해서 전년
대비 30% 올랐습니다. 1990년은 전년 대비 25% 올랐습니다. 이
렇게 혼란이 있었습니다."

이건 무슨 통계를 인용한 건지 모르겠습니다. 우선 우리가 앞에
서 다룬 한국감정원 통계는 확실히 아닙니다. 한국감정원 통계에서는
1989년 전국의 전세가가 17.5% 오르고, 1990년은 16.8%가 오릅니다.
서울은 1989년에 23.7%가 오르고, 1990년에는 16.2%가 오릅니다. 어
차피 여기서 중요한 것은 디테일한 숫자가 아니라 '주거 세입자 보호 기
간을 늘려 전세가가 폭등한 역사가 있다'는 메시지이니 그냥 넘어갑시
다. 한편, 이 주장에 대해 우리는 사실이 아니라는 걸 앞서 살폈습니다.

전세난의 정체

2020년 7월 30일 임대차 3법이 국회를 통과한 후 일부 언론을 중
심으로 '임대차 3법 때문에 전세 매물이 부족하다'는 식의 기사가 양
산됩니다.

가령 서울경제 신문은 「전셋집 하나에 9팀 줄 선 사진'… 김현미가 조사했다는데」라는 제목의 기사를, YTN은 「집 보려고 10여 명 줄서고 제비뽑기… 전세난 어느 정도길래?」라는 기사를 냅니다. 지금부터 이런 현상이 왜 생기는지를 설명하겠습니다.

일단 우리는 '절대적 전세난'과 '상대적 전세난'을 구분해야 합니다. 100가구가 전세로 사는 작은 세상이 있다고 가정해봅시다. 그 100가구의 전세 계약이 동시에 끝납니다. 그럴 경우 한 가구가 매물이라고 느끼는 전세 물량은 '무려!' 99개입니다.

이번에는 그 작은 세상에 임대차 3법에 의한 계약갱신 요구권 제도가 도입되어서 (원래대로라면 동시에 전세 계약이 끝났어야 할 100가구 중에) 95가구가 전세 계약을 갱신했다고 칩시다. 그러면 전세 계약이 끝난 어떤 한 가구가 매물이라고 느끼는 전세 물량은 '고작!' 4개입니다. 임대차 3법이 국회를 통과한 후에 펼쳐진 전세 시장이 딱 그런 상황입니다. 수급 비율에는 변화가 없는데, 체감으로는 부족하다고 느끼는 겁니다.

한편, 살기 좋은 곳일수록 (이번에 새로 도입된) 계약갱신 요구권을 행사할 가능성이 큽니다. 가령 내가 새로 지은 아파트의 첫 번째 전세 입주자인데, 1년 반 정도 살고 나니 법이 바뀌어서 2년 더 살 수 있다고 해봅시다. 그럼 당연히 계약갱신 요구권을 행사할 겁니다. 그 때문에 해당 새 아파트에는 전세 매물이 많이 풀리지 않은 것입니다.

그런데 사람 보는 눈은 도긴개긴이라 다른 낡은 아파트에 사는 사람들 또한 자신의 전세가 끝날 즈음하여 '전세 매물 나온 거 뭐 없나?' 하고 그 새 아파트를 기웃하게 됩니다. 그러다가 그곳에서 전세 매물이 하나라도 나오면 거기에 몰리는 겁니다. 언론 보도처럼 일부 아파트에 전세를 구하려고 줄을 서는 현상은 그래서 생기는 겁니다. 요컨대 지금의 전세난은 '체감적 전세난'이자 '상대적 전세난'입니다. 그렇다면 '절대적 전세난'은 언제 있었을까요? 이명박·박근혜 정부 시절에 있었습니다. 다음 그래프를 보고 이야기를 이어 나가봅시다.

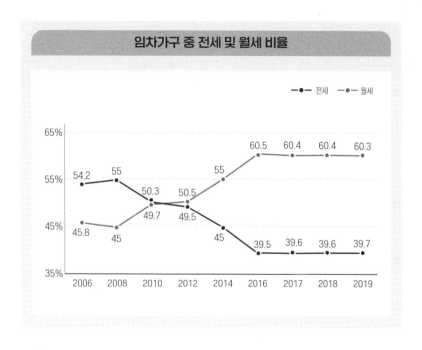

임차 가구 중 전세 및 월세 비율을 표시한 것입니다.* 처음에는 전세가 월세보다 많습니다. 그런데 그 둘의 사이가 점점 좁아지더니 급기야 2010년 초 역전됩니다. 그 후 2016년 정도에는 완전히 닿을 수 없는

* 국토교통부 보도자료, 「2019년도 주거실태조사 결과 발표」, 2020.6.1

지경이 되어서 근래에는 평행으로 이동하고 있습니다.

전세가 월세로 전환되는 절대적 전세난이 벌어지던 시기인 2008~2016년에 집중해봅시다. 앞서 저는 박근혜 정부 시절 전세난이 왔을 때 박근혜 전 대통령이 "은행이자율이 뭐 그렇게 올라갈 이유도 없을 것이고 어차피 전세 시대는 이제 가게 되는 것"이라는 말을 한 적 있다고 했습니다. 박근혜 전 대통령이 그런 말을 한 게 바로 저 끝 무렵(2016년)입니다.

이명박·박근혜 정부 시절에는 왜 전세가 줄어든 걸까요? 저 무렵이 바로 대한민국 집값 조정기였습니다. 2016년경부터 다시 전세가 월세로 전환되는 절대적 전세난의 그래프가 멈추고 수평으로 전환됩니다.

그렇다면 저 시기에는 무슨 일이 일어난 걸까요? LTV가 지역에 상관없이 70%가 되는 등 박근혜 정부의 '빚 내서 집 사라'는 정책이 본격적으로 효과를 발휘하여 집값이 상승하던 때입니다(2014년 당시 최경환 경제부총리 겸 기획재정부 장관 후보자가 발언한 "현재의 부동산 규제는 한여름 옷을 한겨울에 입고 있는 격"이라는 말은 참 유명합니다.).

우리는 앞에서 '전세 놓기'가 미래에 집값이 오를 것 같으니 주거 세입자의 보증금을 이용해 현재 가격에 집을 '찜'하는 행위라는 걸 살펴봤습니다. 해당 메커니즘에 의해 '하우스 푸어'라는 말이 돌 정도로 집값이 꺾일 때는 전세가 줄고(집값 ↓ 전세 ↓), 정부가 의지를 갖추고 집값을 끌어올리자 사람들이 다시 앞 다투어 전세 보증금이라는 이자 없는 빚을 이용하여 집을 사기 시작한 겁니다(집값 ↑ 전세 ↑). 앞에서 살핀 서울 아파트 실거래가 지수 그래프와 임차 가구 중 전세 및 월세 비율 그래프를 함께 놓고 보면 지금 이 설명이 한눈에 들어옵니다.

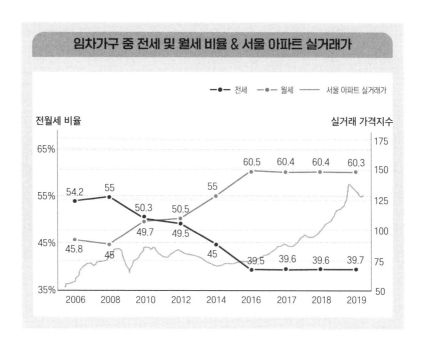

임차가구 중 전세 및 월세 비율 & 서울 아파트 실거래가

전세   월세   서울 아파트 실거래가

전월세 비율

실거래 가격지수

전세수급지수의 허실

언론 이야기를 좀 해보겠습니다. 주거 세입자들의 계약갱신 요구권 행사로 인해 상대적 전세난이 발생한다는 것은 결국 우리네 주거 세입자의 주거권이 향상되었다는 것을 의미합니다. 따라서 주거 세입자의 2년 주기 떠돌이 생활을 끝내겠다는 임대차 3법 개정 취지에 공감하는 언론사라면 이전대로라면 내쫓겼어야 할 가구가 새로 도입된 계약갱신 요구권을 행사하여 내쫓기지 않은 현장을 찾아가 취재해야 할 것입니다.

그런데 그런 내용을 취재하는 언론사는 없었습니다. 거의 모든 언론사가 그 반대의 현장만을 찾았습니다. 이것은 현재 언론이 얼마나 정부와 여당에 비우호적인지를 보여주는 하나의 사례입니다.

전세난을 떠들썩하게 보도하던 언론들은 전세수급지수에 대해서도 많이 이야기합니다. 전세수급지수란 전세 수요에 비해 공급물량이 어느 정도인지를 나타내는 통계입니다. 국민은행에서 매주 발표합니다. 실로 많은 언론이 해당 지수를 근거로 특정 지역의 전세가 부족한지 충분한지를 논합니다. 그러면 사람들은 그 기사를 보고 '아, 그렇구나. 전세 물량이 부족한지 아닌지 나타내는 통계가 있구나'라고 여기는데, 사실 92.1, 102.9 등 소수점 한 자리까지 표현되는 이 지수는 엄밀한 것이 아닙니다. KB국민은행이 전국 4,000여 명의 개업공인중개사들에게 전세 매물의 '부족', '적당', '충분' 여부를 묻고 100을 중심으로 부족하다는 답변을 더 하고, 충분하다는 답변을 뺀 지수에 불과하기 때문입니다(100보다 숫자가 높으면 전세 매물이 부족한 것, 100보다 낮으면 충분한 것이라고 해석을 합니다.). 전세수급지수는 요샛말로 개업공인중개사의 '느낌적인 느낌'을 묻는 지수인 겁니다. 때문에 해당 지수는 '심리지수'의 일종으로 분류가 됩니다.

상대적 전세난이 발생하면 개업공인중개사들은 당연히 전세 매물이 부족하다고 느낄 겁니다. 일단 계약갱신 요구권을 행사한 가구의 매물이 중개사무소에 접수가 안 될 테니까요. 중개사무소에 매물이 이전보다 적게 나오니 전세 수요자들은 평소라면 몇 곳만 중개사무소를 방문해도 충분한 매물을 접하고 계약했을 텐데, 그럴 수가 없으니 더욱더 많은 업소를 돌 것입니다. 그러면 중개사무소에 앉아서 물건과 손님을 받는 개업공인중개사는 그냥 '느낌적인 느낌'으로 전세 매물이 부족하다고 응답을 하는 겁니다. 이것이 전세수급지수의 진실입니다.

전세값 오름 현상에 대하여

사전적 의미의 전세난이란 '전세로 나온 집이 부족하여 전세를 구하기 어려운 상황'을 말합니다. 그러나 세간에서 말하는 전세난은 전세가격이 급등한 것까지도 전세난이라고 폭넓게 부릅니다. 이 문제에 대해서도 살펴보겠습니다.

다음은 2020년 8월 12일 자 〈TV 조선〉 뉴스 기사 제목입니다.

> 임대차법 후폭풍에… '전세값 > 분양가' 아파트 속출

2020년 9월 26일 자 〈서울경제〉 신문 기사의 제목은 다음과 같습니다.

> [단독] 새 아파트 분양가보다 비싼 전세 속출… "가을이 두려워"

분양가보다 비싼 전세가라니 대체 어떻게 이런 일이 벌어질 수 있는 걸까요? 간단합니다. 입주 시점의 집값이 분양 시점보다 많이 올랐기 때문입니다. 우린 앞에서 이런 현상을 이용한 잔금 대출 꼼수를 살핀 적 있습니다. 사실 전세가가 오르는 현상의 '근본 원인'은 임대차 3법이 아닌 '집값 급등'에 있습니다. 원론적으로 '현재의 전세가'는 '현

재의 집값'을 넘을 수 없습니다. 아니, 넘어서도 안 됩니다. 우린 그런 주택을 일컬어서 깡통 주택이라고 부릅니다.

한편으로 임대인은 최대치의 전세금을 받고자 합니다. 그 때문에 집값이 오르면 거주 환경이 상대적으로 양호한 주택은 전세가도 오릅니다. 즉 "문재인 정부 들어서 집값이 오르더니 전세가까지 올랐다!"라는 말은 일종의 동어반복입니다.*

이 문제는 반대로도 생각해볼 필요가 있습니다. 임대차 3법에 의한 계약갱신 요구권을 행사한 가구들은 계약갱신 시 임대인이 5%를 초과하여 임대료 인상을 할 수 없기 때문에 전세가가 급등하지 않았을 것입니다. 그런데 거의 모든 언론이 이 부분은 계산에서 제외하고 있습니다.

임대차 3법에 의한 전세난 논란은 코미디

사실 계약갱신 요구권 행사로 인해 전세 매물이 시장에 나오지 않는 것 말고는 전세 매물 소멸 현상과 임대차 3법 사이에 논리적인 인과관계가 성립할 수 없습니다. 계속 살핀 것처럼 전세의 존속과 소멸 여부를 결정짓는 것은 다름 아닌 '집값'이기 때문입니다. 사람들은 보통

---

* 국지적으로는 인근에 새로 입주하는 아파트 단지에서 전세 물량이 쏟아지는 등의 사유로 집값이 상승하는데도 불구하고 전세가가 오르지 않는 현상이 생길 수 있습니다. 하지만 집값이 오르지 않은 상태에서 그 집값을 넘어서까지 전세가가 상승하는 것(집값이 내려 깡통 주택이 되는 것이 아니라, 전세가가 올라 깡통 주택이 되는 현상)은 원론적으로 불가능하므로(전세 사기를 당하면 가능) "전세가가 오르는 현상의 '근본 원인'은 임대차 3법이 아닌 '집값 급등'에 있습니다."라는 표현을 사용하였습니다.

2가지 이유로 전세를 놓습니다.

첫째, 나 또는 자녀가 나중에 미리 들어가 살 집을 지금 가격에 찜해놓는 겁니다. 가령 주택 가격이 10억 원이라고 할 때, 내게 10억 원은 없지만 2억 원은 있는 겁니다. 그래서 8억 원에 세입자를 들이고 가진 2억 원으로 집을 사두는 겁니다. 그렇게 하면 나중에 집값이 15억 원, 20억 원으로 올라도 세입자의 전세 보증금 8억만 돌려주면 들어가 살 수 있습니다.

둘째, 집을 구매하는 애초 목적이 나 또는 자녀의 실거주를 위한 집이 아닌 투자 목적으로 사두는 것입니다. 10억 원짜리 주택을 전세금 8억 원을 끼고 2억 원에 사서 나중에 그 집이 15억 원, 20억 원이 되면 팔아서 차익을 챙기려는 겁니다.

이 2가지 사유에 부수적으로 직장인이 지방 발령이 난다거나 부모님으로부터 상속을 받는다거나 하는 사유가 더해집니다. 하지만 이런 것들은 말 그대로 부수적이라서 시장을 움직이는 요인이 아니므로 논의에서 제외합니다.

대체 이 2가지 사유와 임대차 3법 사이에 무슨 상관이 있을까요? 세입자가 2년 살던 것을 4년 산다고 해서 나 또는 자녀가 나중에 들어가서 살 집을 현재 가격에 찜해놓지 않을 까닭이 있나요? 아닙니다. 더욱이 이번 「주택임대차보호법」 개정 내용을 보면 본인 또는 직계 존·비속이 실거주를 하게 되면 세입자의 계약갱신 요구권을 거절할 수 있습니다. 따라서 첫 번째 사유와는 전혀 관계가 없습니다.

그러면 두 번째 이유를 살펴보겠습니다. 타인에게 전세를 주었다가 오랜 기간 후에 집값이 오르면 그 주택을 팔아 시세차익을 챙길 사람들이 주거 세입자 보호기간이 2년에서 4년으로 늘었다고 해서 현재 가격에 집을 찜해두는 행위를 안 할까요? 천만의 말씀입니다.

주위를 둘러봅시다. 그 어떤 전문가도 임대차 3법을 이유로 왜 전세가 소멸하는지를 설명한 적이 없습니다. 주장만 있고 논증은 없는 형국입니다. 따라서 일부 언론의 '임대차 3법에 의해 전세난이 왔다'는 주장과 논란은 코미디입니다.

임대차 3법에 관해 생각해볼 것들

임대차 3법 대한 아쉬움이 있습니다. 주거 세입자 보호기간이 2년에서 겨우 4년으로 늘어난 것도 그렇지만 가장 아쉽게 여겨지는 건 계약갱신 요구권 제도에 빈틈을 만든 것입니다.

이번에 「주택임대차보호법」에 계약갱신 요구권을 도입하면서 "임대인(임대인의 직계존속·직계비속을 포함한다)이 목적 주택에 실제 거주하려는 경우" 임차인의 계약갱신 요구를 거절할 수 있도록 하고 있습니다. '내 집 내가 쓰려 하는데 세입자가 계속 살면 곤란하잖아!'라는 식의 '소유권 만능 기반 정서'를 무비판적으로 따르면 이는 타당하게 느껴질 수 있습니다.

하지만 따져봅시다. 본인 건물 1층의 김치찌개 집이 장사가 잘되는 것을 본 임대인이 "내가 직접 그 자리에 김치찌개 집을 차릴 것이니 임대차 계약의 갱신 요구를 거절한다!"라고 해서는 (법리적으로도 그럴

지만 도의적으로도) 안 될 겁니다. 실제로 상가 세입자를 보호해주는 법률인 「상가건물 임대차보호법」은 건물주가 직접 장사를 하려는 이유로 세입자의 계약갱신 요구권을 거절할 수 있도록 하고 있지 않습니다. 그런데 「주택임대차보호법」에 계약갱신 요구권을 도입하면서 임대인이 직접 사용을 할 경우에는 임차인의 계약갱신 요구권을 거절할 수 있도록 했습니다.

「주택임대차보호법」을 개정할 때 '임대인이 직접 들어와 살 경우 임차인의 계약갱신 요구를 거절할 수 있는 조항'을 넣어야 했다면, 그에 따른 임차인의 손해를 배상해주는 장치도 함께 설계했어야 합니다. 그런데 이번 「주택임대차보호법」 개정에는 그것이 빠졌습니다.

좋은 일하는 세금, 종합부동산세

2020년 12월에도 어김없이 언론들은 '종합부동산세 세금 폭탄론'을 펼쳤습니다. 특히 2020년은 2019년 대비 대상자가 52만 명에서 66만 7천 명으로 28% 확대됐고, 세액은 2019년에 1조 3천 억 원에서 2020년에는 1조 8천억 원이 걷혀 전년 대비 43%나 늘었다고 연일 보도했습니다.

하지만 종합부동산세는 여전히 부자가 내는 세금입니다. 2020년 종합부동산세 고지 대상자는 66만 7천 명으로 전 국민의 1.3%였습니다(가구 기준 3.3%). 그리고 그중의 64.9%에 해당하는 43만 2천 명의 세 부담이 100만 원 이하였습니다. 즉 2020년 종합부동산세를 두고 종합부동산세 폭탄이라고 하며 앓는 소리를 할 수 있는 건 대한민국 1.3%가 아니라 1.3% 중의 35%, 즉 대한민국 0.46%라는 소리입니다.

그런데도 종합부동산세가 많이 나왔다?

앞에서 살핀 것처럼 정부는 2020년 7.10 부동산 대책을 통해 종합부동산세를 제대로 손보았습니다. 그리고 8월 4일에 국회에서 전격 통과시켰습니다. 어떤 사람들은 이 인상이 너무 강렬한 나머지 이번 2020년 종합부동산세 납부분에 그것이 적용되어서 종합부동산세가 많이 걷힌 것이라고 생각합니다. 하지만 그렇지 않습니다. 종합부동산세를 계산하는 날짜는 6월 1일입니다. 따라서 사람들 머릿속에 강렬한 인상이 남아있는 2020년 7.10 부동산 대책에 포함된 세율의 종합부동산세는 2021년 종합부동산세 분에 적용됩니다.

그렇다면 2020년 종합부동산세 세율은 어떠했을까요? 2019년 세율과 똑같습니다. 익히 살핀 바대로 정부가 2019년 12.16 부동산 대책에서 종합부동산세 개정안을 발표하며 세율을 인상하려 했지만 그것이 국회를 통과하지 못했기 때문입니다.

그러면 혹시 공시가격이 많이 오른 것일까요? 그것도 아닙니다. 사실 2019년 공시가격 현실화 작업은 시쳇말로 '죽을 쒔습니다.' 일단 공동주택의 95.2%(1,383만 호 중 1,317만 호)에 해당하는 시세 9억 원 미만 주택은 공시가격을 아예 건드리지 않았습니다. 대신 나머지를 조금씩 손보았는데, 평균 0.9%p 올리는 선에서 그치고 맙니다.

그 결과 2019년 공동주택의 평균 현실화율 68.1%에서 0.9%p를 더해 평균 69%밖에 공시가격을 올리지 못합니다. 그래서 정부가 "2019 년부터 2020년까지의 현실화 노력에도 불구하고 공시가격의 현실화율은 유형별로 1~3% 제고에 불과합니다."라고 발표하기도 했습니다(면

목 없다는 것이지요).

한편, 공정시장가액 비율이 오르긴 했습니다. 공정시장가액 비율
이란 종합부동산세 기준이 되는 공시가격을 100% 반영하지 않고 일부
를 깎아주는 장치를 말합니다. 이명박 정부가 만든 정책인데, 공정시장
가액 비율은 오직 공시가격을 깎기 위해 존재하는 장치일 뿐이므로 실
제 '공정(公正)'과는 거리가 멉니다. 그래서 문재인 정부는 기존 80%인
공정시장가액 비율을 2019년부터 연 5%씩 상향 조정하여 2020년에는
100%에 이르도록 재설계했습니다(2019년 85%, 2020년 90%, 2021년 95%,
2020년 100%). 그러니까 어차피 공정시장가액 비율이 오르는 건 예정되
어있는 사항이었습니다. 납세자가 이미 염두에 둔 상황이었다는 거죠.

그런데도 2020년 종합부동산세가 예상보다 훨씬 많이 나왔다면,
그건 집값이 본인 생각보다 훨씬 많이 올랐기 때문입니다.

가만히 있어도 10배 이상 올랐다!

다음은 11월 23일 자 〈아시아경제〉 기사 제목입니다.

"월급 그대로인데 세금만 늘어" vs "공시가격 현실화, 어쩔 수 없어"
종합부동산세 부담 논란

첫 문장이 이렇게 시작됩니다.

"고지서 받고 경악할 뻔했네요.", "작년 대비 10배는 나온 것 같습니다." 2020년 귀속분 종합부동산세(종합부동산세)가 전송되면서 일부 납세자들이 불만을 토로하고 있다.

가만히 있었는데 2020년 종합부동산세가 10배 이상 늘어나는 게 가능한 일일까요? 그렇지 않습니다. 우린 이미 앞에서 종합부동산세의 급격한 세 부담을 막기 위해 해당 연도에 부과된 종합부동산세 금액이 전년도 재산세와 종합부동산세 합계액의 일정 수준을 초과하면, 그 초과 금액을 공제해주는 '세 부담 상한'이라는 장치가 있다는 걸 살폈습니다. 2020년 세 부담 사항은 다음과 같습니다. 1주택자인 경우는 150%, 조정대상지역 내 2주택을 가지면 200%, 3주택자면 300%.

2020년 종합부동산세 세 부담 상한

	주택 (일반)	주택 (조정대상지역 내 2주택)	주택 (3주택 이상)
세 부담 상한	150% (현행 유지)	200% (+50%p)	300% (+150%p)

그러니까 주택이 아무리 많아도 1년 사이에 종합부동산세가 10배가 될 수는 없는 겁니다. 만약 실제로 누군가의 종합부동산세가 작년 대비 10배 이상 올랐다면, 그는 지난 1년 사이 '주택 쇼핑'을 한 겁니다. 종합부동산세를 공격하는 일부 언론들은 이런 이야기를 빼놓길 좋아합니다.

일부 언론들은 '가진 것은 집 하나뿐인 노인' 이야기도 좋아합니다. 강남에 위치한 내 집에서 오래 살았을 뿐인데 집값이 올라 종합부동산세를 많이 내게 되었다는 부류의 기사, 한 번씩은 접해보았을 겁니다. 하지만 그 노인은 장기보유 공제와 노령자 공제를 받아 최대 70%의 종합부동산세를 할인받을 수 있습니다(2021년에는 그것이 최대 80%로 늘어납니다). 일부 언론들은 '가진 것은 집 하나뿐인 노인' 이야기를 하며 이런 점은 쏙 뺍니다.

종합부동산세에 관해 생각해볼 것들

● 복권처럼 홍보하면 어떨까?

제 아내는 제가 로또 복권 꽝을 맞는 날이면 "구본기 씨 축하합니다. 오늘도 좋은 일 하셨습니다!"라는 말을 해줍니다.

제 아내는 로또 복권의 판매 수익금이 임대주택 건설이나 저소득층 주거 안정 지원사업, 저소득층과 장애인 및 성폭력 피해 여성 등 소외 계층에 대한 복지사업 등에 쓰인다는 사실을 잘 알고 있습니다.

사실 복권 수익금이 좋은 일에 쓰인다는 걸 모르는 사람은 별로 없습니다. 복권 당첨자를 뽑는 TV 프로그램은 당첨자 선정 전에 이 점을 아주 착실하게 선전합니다.

그런데 종합부동산세가 좋은 일에 쓰인다는 걸 아는 사람이 많지 않습니다. 정부는 종합부동산세를 국세로 거두어 지역에 부동산교부세로 나누어 복지 사업 등(지역 균형 발전을 위한 사업 등)에 쓰인다는 사실을 적극 홍보할 필요가 있습니다. 그렇게 되면 종합부동산세 납부에 대한 반감 및 보수 언론이 씌운 징벌적 조세 프레임(세금 폭탄 프레임)도 어느 정도 희석될 겁니다. 그리고 종합부동산세 납부를 하는 어느 소수의 사람(1.3%)에게 우리는 이렇게 말하게 되겠지요.

"선생님 축하합니다. 오늘도 좋은 일 하셨습니다!"*

＊　현재 일각에서는 '종합부동산세가 부동산 교부세의 형태로 지역에 배분되어서는 국민 개개인이 그 혜택을 체감하지 못하므로 차라리 국민 개개인에게 배당금으로 지급하거나, 아니면 아예 종합부동산세를 폐지하고 새로운 형태의 보유세(예: 기본소득형 국토보유세)를 설계하자'는 제안도 있습니다.

●과세이연제도를 도입하자

1주택자인 노인은 주택을 장기보유하여 종합부동산세를 70% 또는 80% 감면받는다고 해도 그것이 상당한 부담이 될 수 있습니다. 그런 노인에게 집을 팔라고 윽박지르는 건 폭력이지요. 그들을 위해 종합부동산세 납부를 이연해주는 방안도 도입할 필요가 있습니다. 해당 집에서 사는 동안은 납부하지 않다가 상속이나 매매 등의 사유가 생길 때 정산을 하는 겁니다. 그러면 '가진 것은 집 하나뿐인 노인'에 대한 걱정은 사라질 것입니다.

신선한 공격거리가 된
호텔 전세

　　2020년 말 즈음에 이전에는 없던 신선한(?) 부동산 정책에 대한 논란이 일었습니다. 임대차 3법에 의한 전세난 논란이 한창인 2020년 11월 17일 관훈클럽 초청 토론회에 이낙연 더불어민주당 대표가 참석했는데, 기자들이 이후의 부동산 대책을 묻는 말에 이렇게 답을 했습니다.

> "곧 국토교통부가 발표할 것이다. 매입주택이나 공공 임대주택을
> LH, SH가 확보해서 전·월세로 내놓는다든가, 오피스텔·상가 건
> 물을 주택화해서 전·월세로 내놓는다거나, 호텔 중에서 관광산
> 업이 많이 위축돼 내놓는 경우가 있는데 호텔 방을 주거용으로
> 바꿔 전·월세로 내놓는 방안 등이 포함된 걸로 알고 있다."

발언 직후 뒤의 말, 그러니까 "호텔 방을 주거용으로 바꿔 전·월세로 내놓는 방안 등이 포함된 걸로 안다."라는 말이 일부 언론의 표적이 되어 집중 공격을 받습니다. 다음은 이에 대한 기록입니다.

　　실제로 11월 18일 정부는 2022년까지 서울 3만 5,300가구를 포함해서 전국에 11만 4천 가구의 임대주택을 공급하겠다는 내용의 「서민·중산층 주거 안정 지원 방안」을 내어놓습니다. 빈 상가나 호텔 등을 고친 임대주택 1만 3천 가구를 공급하겠다는 내용이 바로 여기에 포함됩니다. 전체 공급 규모 중 11% 정도 되는 양입니다. 일부 언론은 이런 사실은 상관치 않습니다. 다만 '호텔을 주거용으로 바꾸어 공급하겠다!'는 신선한 아이디어에 꽂힙니다. 그들 입장에서는 새로운 공격 거리가 생긴 것입니다.

　　국민의힘 하태경 의원은 "호텔을 전세 주택으로 만든다는 건 황당무계 그 자체"라면서 "서민한테 닭장에서 살라는 말이나 똑같다."고 비판을 합니다. 같은 당 유승민 전 의원도 "호텔 방을 주거용으로 바꾸는 걸 대책으로 내놓다니 기가 막힌다. 어느 국민이 그걸 해결책이라고 보겠나."라고 쏘아붙입니다. 이 밖에도 비판을 하는 과정에서 임대 아파트인 휴먼시아 아파트에 사는 사람을 거지에 빗댄 '휴거', '빌라에 사는 거지'의 줄임말인 '빌거' 등의 연장선으로 '호텔 거지'라는 도가 지나친 표현까지 등장합니다.

　　다행히 이러한 논란은 호텔을 주택으로 개조한 공간에 거주하는 이들의 긍정적 증언과 언론 취재 등을 통해 거주 여건이 나쁘지 않다는 사실이 알려지면서 몇 달 내에 사그라집니다.

호텔이 전세형 주택으로

　사실 호텔을 전세형 주택으로 전환하는 정책은 혁신적인 정책입니다. 발표 당시 이미 호텔을 주거 용도로 전환해서 공급했을 때 과연 사람들의 반응이 어떤지에 대한 데이터가 나온 상태였습니다. 종로의 베니키아 호텔을 역세권 청년주택으로 전환한 사례였습니다.

　당시 공모 경쟁률이 10:1이었습니다. 청년들은 직장·주거 근접을 우선시하는데 시내 한가운데에 위치한 호텔은 그 조건을 능히 충족합니다. 무엇보다 시내 한가운데 있으므로 치안도 어느 정도 안전합니다. 그런데 입주 시점이 다가오며 문제가 발생했습니다. 상당수의 청년들이 입주를 포기한 것입니다. 일부 언론들은 이 부분만을 두고 '무더기 입주 포기' 등의 표현으로 해당 정책이 실패한 것이라 폄훼합니다.

　정말 이 정책은 실패한 걸까요? 그렇지 않습니다. 해당 주택은 공공에 소유권이 있는 공공 임대주택 부분과 민간에 소유권이 그대로 있는 민간 임대주택 부분으로 공급되었는데 민간 임대주택 부분이 공급 주택량의 80% 이상을 차지했습니다. 즉 민간이 임대료를 책정했기 때문에 월세 50만 원 정도에 호텔 서비스 등을 넣어서 월 70만 원 정도를 내도록 설계가 된 터라 부담이 된 입주 예정자들이 입주를 포기하는 사태가 발생한 것입니다.

　다행히 이를 인지한 서울시가 나서서 호텔 서비스 등을 필수 서비스가 아닌 선택 서비스로 바꾸어 달라는 요청을 했고, 그것이 받아들여져 세입자의 부담을 월 50만 원 정도에 맞출 수 있었습니다. 이런 과정을 거쳐 2020년 말 기준으로 공실이 없는 상태입니다. 우리는 종로 베

니키아 호텔의 사례를 통해서 2가지 교훈을 얻을 수 있습니다.

첫째, 도심 내에 호텔을 주택으로 전환해서 공급하면 인기가 많다. 둘째, 그것을 비싸게 공급하면 외면 받는다.

정부는 호텔을 전세형 주택으로 공급하는 안을 내어놓으며 이 교훈을 제대로 반영한 것으로 보입니다. 왜 그런지를 설명하겠습니다.

호텔 '전세'

사실 호텔 전세 정책에서 방점을 찍어야 할 것은 '호텔'이 아니라 '전세'입니다. 정부는 해당 주택을 공급할 때 임대료를 저렴하게 책정할 수 있는 공공주도형 물량을 확대하고, 그 부분에 대해서는 임대료의 최대 80%를 보증금으로 전환 가능한 전세형으로 공급(입주자 희망 시 80% 이내에서 보증금·월세 비율 조정 가능)하겠다고 발표했는데, 그것은 주류 전세난 논란에서 소외된 1인 가구의 심각한 전세난을 해소하는 데 도움이 되는 정책입니다.

우리는 앞서 전세난 이야기를 하며 KB국민은행의 협력 공인중개사들을 통해 집계되는 전세난 지수를 살폈습니다. 그 '느낌적인 느낌'의 지수에 포착되지 않는 전세난이 있습니다. 바로 1인 가구의 전세난입니다. 현재 아파트 중심의 전세난을 '그냥 전세난'이라고 한다면, 1인 가구의 원룸 중심 전세난은 '슈퍼 울트라 캡숑 전세난'입니다.

원룸살이 해본 분들은 이해할 겁니다. 1인 가구는 원룸을 구하는 과정에서 보증금을 높여서 월세를 줄이고 싶습니다. 그런데 원룸을 공급하는 임대인들은 그렇게 잘 안 해줍니다. 월세 수입을 얻는 것이 그들의 주목적이기 때문입니다. 이러한 현상이 고착되다 보니, 일선의 개업공인중개사들은 "원룸에 전세가 어디 있어, 원룸은 원래 다 월세야."라면서 1인 원룸 수요 가구의 전세난을 전세난으로 취급하지 않는 경향이 있습니다.

반면 1인 가구는 원룸 전세를 원합니다. 때문에 어쩌다가 원룸 전세가 매물로 나오면 게 눈 감추듯 사라집니다. 원룸을 구하는 입장에서는 50~60만 원 대의 월세를 내는 것보다 연 1~2%대 이자의 전세자금 대출을 받아서 매월 은행에 이자를 납부하는 것이 훨씬 이득이기 때문입니다. 가령 1억 2천짜리 전세가 나오면 100% 전세자금 대출을 받는다고 해도 이자율이 연 2%라고 한다면 한 달에 20만 원씩만 내면 되는 겁니다. 이렇게 소외당하고 있던(하지만 폭발적으로 증가하는) 1인 가구의 수요에 맞춘 공급이 바로 호텔 전세입니다.

좋은 정책이 합당한 평가를 받지 못하고 있습니다.

3장

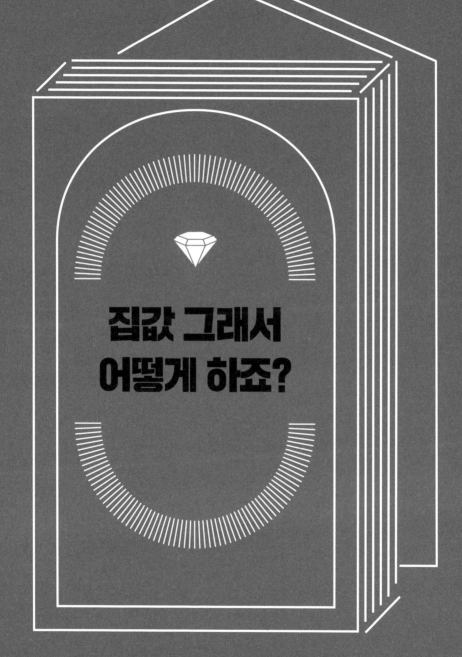

집값 그래서
어떻게 하죠?

처음 질문으로 돌아옵니다. 집값 잡는 정책은 과연 있을까요? 없을까요? 당연히 있습니다. 그런데 정부는 왜 정책으로 집값을 잡지 못하는 걸까요? '집값 잡는 정책이 있다는 사실'과 '그것을 정부가 정책으로 채택하여 활용할 수 있다는 사실'이 서로 다른 차원의 문제이기 때문입니다. 예를 들면 저는 책의 서두에서 양도차익 100% 환수제에 대해 말했습니다. 양도차익 100% 환수제가 시행되면 집값은 바로 잡힙니다. 그러나 압도적 다수의 국민이 양도차익 100% 환수제를 반대할 것입니다. 따라서 정부는 해당 정책을 집값 잡는 정책으로 사용할 수 없습니다.

한편 우리는 '집값을 잡는다'라는 표현이 추상적이고 다의적이라는 점도 살폈습니다. 이를테면 누군가는 문재인 정부 들어 집값이 '폭등'했다며 남은 임기 내에 집값 시계를 문재인 대통령 취임 이전으로 돌려야 한다고(즉 집값이 '대폭락'해야 한다고) 주장합니다. 또 다른 누군 가는 근래의 집값 급등 양상을 잡고 물가 상승률 정도로만 완만하게 관리하는 것이 '집값을 잡는 것'이라고 말합니다. 서울 강북의 본인 집 값은 너무 안 올라 비정상이고, 서울 강남의 다른 이들 집값은 너무 올 라서 (마찬가지로) 비정상이므로, 강남 집값은 떨어뜨리고 강북 집값은 올리는 것이 정상이라고 말하는 사람도 있습니다.

그렇다면 정부가 목표로 하는 '집값 잡기'는 어느 정도 수준을 말 하는 것일까요? 앞서 저는 이렇게 말했습니다.

> "대통령이 되어봅시다. 집값을 잡아야겠습니다. 한데 대한민국 과반수 가구가 유주택 가구라고 합니다. 나는 과연 집값을 하락 시키는 걸 정책의 목표로 둘까요? 아니면 급격한 상승을 막고 물 가상승률 정도로 완만하게 오르는 쪽으로 관리하는 걸 정책의 목표로 설정할까요? 아마도 후자일 것입니다. 실제 정부의 집값 잡기가 후자라는 방증은 상당합니다."

문재인 대통령의 임기는 이제 1년도 채 남지 남았습니다. 그렇습 니다. 문재인 정부는 이제 N번 째 부동산 대책을 쓸 수가 없습니다. 앞 으로 적게는 한 번, 많게는 두 번 정도의 부동산 대책을 발표할 수 있을 것입니다. 생각해봅시다. 그런 문재인 정부가 집값 잡기의 목표를 계속 '급격한 상승을 막고 물가상승률 정도로 완만하게 오르는 것'으로 두 어도 되는 걸까요? 저는 안 된다고 봅니다. 왜냐하면 그랬다가는 남은 임기 동안에도 같은 상황이 계속해서 연출(집값 상승 → 부동산 대책 발표 → 집값 상승 → …)될 것이기 때문입니다. 무엇보다 이대로 문재인 정부가 막을 내리면 유주택자, 무주택자를 가리지 않고 거의 모든 국민이 문재인 정부를 무능하다고 평가할 것입니다. 그렇게 될 바에는 차라리 강력한 부동산 정책으로 집값을 떨어뜨려 무주택자 그룹의 지지를 얻는 것과 동시에 무능이라는 꼬리표를 떼는 것이 낫습니다.

정책 제언 1

임대사업자 혜택 소급 폐지

그렇다면 집값을 확실하게 떨어뜨릴 수 있는 정책은 과연 무엇이 있을까요? 저는 2가지 정책을 제안합니다.

일단 임대사업자 혜택에 대한 소급 폐지입니다. 임대사업자는 2020년 1분기 기준으로 총 51만 명으로, 2019년 기준 주민등록 인구 수(5,185만 명) 대비 1%밖에 되지 않고, 2019년 기준 가구 수(2,089만 가구) 대비 2.4%밖에 되지 않습니다. 이는 '무주택 가구 43.8% vs 유주택 가구 56.2%'나 '무주택&1주택 가구 84.6% vs 다주택 가구 15.4%'의 전선보다 훨씬 도전해볼 만한 구도입니다.

무엇보다 수백 채의 집을 갖고 있지만 종합부동산세를 한 푼도 내지 않는 문제에 대해 많은 사람이 형평성에 심각한 문제의식을 느끼고 있으므로 추진하기도 쉽습니다. 문제는 임대사업자에게 묶여있는 주택의 상당수가 한꺼번에 시장에 쏟아져 나올 때의 충격입니다.

여기 상반된 주장을 하는 그룹이 있습니다. 한 그룹은 집값 하락을 집값 잡기로 여깁니다. 이 그룹은 다량의 주택이 한꺼번에 시장에 쏟아져 나오는 충격을 통해 집값을 하락시키자고 주장합니다. 반면 다른 한 그룹은 집값 잡기를 물가상승률 정도의 완만한 상승으로 여깁니다. 그들은 임대사업자에게 묶여있는 주택을 조금씩 시장에 나오게 해 집값 하락을 막아야 한다고 주장합니다. 얼마 전 정부는 후자의 손을 들어주었습니다. 그래서 지금 이런 '난감한 상황(거의 모든 사람이 정부의 부동산 정책을 나무라는 상황)'에 처하게 되었죠.

조금 더 부드러운 방식을 제안한 경기도

임대사업자 혜택의 소급 폐지보다는 조금 더 부드러운 안도 있습니다. 2021년 1월 6일 경기도는 "임대사업자에 대한 종합부동산세 특혜가 불로소득 조장과 불공평 과세의 원인이 되고 있다."면서 소급 폐지가 어렵다면, 이와 비슷하면서 조금 더 부드럽게 꼬인 문제를 풀자며 정부에 임대사업자의 임대주택에 대한 종합부동산세 합산 배제 기준 가격을 매년 과세 기준일(6월 1일)의 주택 공시가격으로 개선하자고 건의했습니다.

현행 제도에 따르면 임대주택은 '임대를 개시한 날' 또는 '최초로 합산 배제 신청을 한 연도'의 주택공시가격을 기준으로 종합부동산세 합산 배제를 해주기 때문에 임대사업자의 경우 해당 연도의 임대주택

이 공시가격이 6억 원을 넘어도 종합부동산세가 전액 면제되는 현상이 벌어집니다.

예를 들어 전국에 임대주택 26채를 보유한 A의 경우 2020년 기준 주택공시가격이 6억 원을 초과하는 주택 19채를 갖고 있다면, 현행 제도에 따라 임대 시작일 2016~2018년 기준 19채의 주택공시가격은 각 4~6억 원이어서 종합부동산세 2억 6,700만 원을 전액 면제받을 수 있는 겁니다. 19채의 가격이 임대 시작일 92억 원에서 2020년 148억 원으로 60.8% 상승했어도 조세 부담은 전혀 늘지 않습니다. 「종합부동산세법 시행령」을 개정하여 이러한 불합리한 문제를 개선하자는 것이 경기도 제안의 요지입니다.

마침 이에 호응해서 참여연대 또한 2021년 1월 14일 다음과 같은 내용의 논평을 발표했습니다.

"경기도가 임대주택에 대한 종합합산 배제 기준 가격을 매년 과세기준일의 주택공시가격으로 개선하는 내용의 종합부동산세 강화방안을 정부에 건의했다. (…) 정부가 경기도의 종합부동산세 강화방안 등을 적극적으로 고려해 임대사업자의 세제 특혜 개선에 시급히 나설 것을 요구한다."

소급 폐지가 부담스럽다면 위의 안도 고려해볼 만합니다.

갭 투기 근절을 위한
실질 LTV 도입과 전세 보증금 관리

주택임대사업자에게 주어진 과도한 혜택을 거두어들여도 집값이 내리지 않는다면, 그때는 LTV 규제를 '살짝' 손보는 수도 있습니다. LTV, 즉 집값 대비 대출을 받을 수 있는 비율에 전세금을 포함하는 겁니다.

정부의 부동산 대책이 여러 번 나왔는데도 갭 투기(전세금을 활용하여 적은 돈으로 집을 사는 방식)는 잡히지 않고 있습니다. 이유는 단순합니다. 바로 전세금을 규제하지 않아서입니다.

가령 현재 서울 9억 원 이하 주택 LTV는 40%입니다. 즉 사람들은 서울에서 9억 원 이하의 집을 살 때는 집값 대비 최대 40%의 대출밖에는 받을 수가 없습니다. 그런데 이 LTV는 '임대인과 임차인 간의 사적 대출인 전세금'은 규제를 하지 않습니다. 그래서 사람들이 이런 꾀를 내는 겁니다. '아! 집값 대비 70%에 전세를 놓으면 LTV 규제 40%를 피해 갈 수 있구나!' 전세금 때문에 LTV 규제가 무용지물이 되는 겁니다. 이게 바로 전세금을 승계해서 주택을 매수하는, 또는 전세 세입자를 새로 구하는 것과 동시에 집을 사는 갭 투기가 창궐하는 이유입니다.

다시 말하지만 전세금은 '임대인과 임차인 간의 사적 대출'입니다. 따라서 원칙대로 하자면 이 또한 당연히 LTV 안에 들어와야 합니다. 전세금을 포함한 LTV, 이걸 '실질 LTV'라고 합니다. 실질 LTV 제도를 도입하면 크게 두 가지 효과를 얻을 수 있습니다.

첫째, 집값이 하향 안정화됩니다. 사람들이 더는 갭 투기에 뛰어들 수 없어서이기도 하지만, 제도가 시행되면 집주인은 LTV를 초과해서 받았던 전세금을 세입자에게 돌려주어야 하는데, 그럴 돈이 없는 정말 말 그대로 투기를 했던 사람들은 그 집을 파는 것 말고는 다른 방도가 없습니다. 그 매물들이 시장에 나올 겁니다.

둘째, 전세 시장이 하향 안정화됩니다. LTV 안에 전세금을 넣는다는 건 다시 말해 전세금을 관리한다는 것과 같습니다. 실질 LTV가 도입되면 서울의 경우 9억 원 이하 주택의 전세금이 집값 대비 40%로 낮아집니다.

그런데 문제는 이렇게 할 경우 집값 하락은 둘째 치고 전세금을 빼준 임대인들이(과연 잘 빼줄 수 있을지도 의문입니다) 해당 주택의 보증금이 줄어든 만큼을 월세로 전환한다는 데 있습니다. 따라서 이 정책은 월세를 관리하는 정책과 함께 추진되어야 합니다. 이에 대해 좀 더

논해보겠습니다.

일단 전세가 월세로 전환되는 문제입니다. 전세는 월세에 비해 주거비 부담이 적기 때문에 무주택자들이 선호합니다. 그런데 제대로 따지고 보면 전세 제도는 없어지는 것이 바람직합니다. 집값이 하향 안정화된 대한민국을 떠올려봅시다. 그곳에 전세 제도는 없습니다. 그럴 수밖에 없습니다. 왜냐하면 누차 말씀드린 바와 같이 '전세 놓기 행위'는 다음 생각의 발현에 다름 아니기 때문입니다.

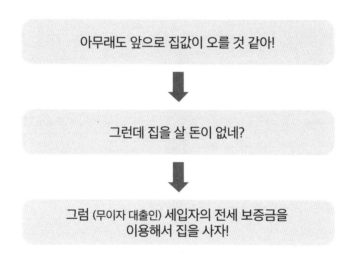

전세 놓기는 집값이 오를 것이라는 전망에 기초한 '빚투(빚을 활용한 투자)'이므로 대한민국 대부분의 사람이 앞으로는 집값이 떨어지거나, 혹은 이제는 집을 사고파는 것으로는 돈을 벌 수 없다고 여기게 되면 전세 제도는 소멸합니다. 즉 정부에게 '집값도 잡고(집값을 하향 안

정화하고) 전세난 대책도 내놓으라(전세 매물이 부족한 현상을 해결하라)'고 요구하는 것은 카페에서 "따뜻한 아이스 아메리카노 주세요."라는 주문을 하는 것과 같습니다. 여러분은 혹시 집값이 내려가길 바라나요? 그렇다면 전세 제도는 포기해야 합니다. 전세는 달콤한 마약입니다.

이제는 임대료 관리 정책에 관해 이야기해봅시다. 금방 살핀 것처럼 LTV에 전세금을 포함하는 조처 등으로 집값이 하향 안정화되면 대한민국에 전세 제도는 사라집니다. 그렇게 되면 현재 전세를 살고 있는 이들 중 상당수는 (집값이 하향 안정화되었으니) 집을 장만할 수 있을 것입니다. 하지만 그럴 수 없는 사람도 있습니다. 그 사람들은 어떻게 될까요? 월세살이를 하게 될 겁니다. 그들을 위한 임대료 관리 장치가 필요합니다(이는 물론 지금도 필요합니다).

그런데 임대료를 관리하려면 일단 측정을 해야 합니다. 체중을 관리하려면 현재 내 체중이 얼마인지를 알아야 하는 것과 같습니다. 그래서 도입된 것이 임대차 3법 중의 하나인 전·월세 신고제입니다(매매 가격을 신고하는 제도는 2006년에 도입되었습니다). 요컨대 전·월세 신고제는 정부의 임대료 관리를 위한 포석입니다.

임대료를 측정한 다음에는 어떻게 해야 할까요? 그 데이터를 토대로 임대료 관리 기준을 마련해야 합니다. 이른바 '표준 임대료'를 책정해서 그것을 기준으로 임대차 시장에 공정한 임대료 거래가 이루어지도록 하는 겁니다. 이미 그 단계까지 고려한 법안이 국회에 제출되어 있습니다. 구체적으로는 2020년 7월 14일에 더불어민주당 윤호중 의원이 "표준 임대료를 근거로 임대료와 임대료 인상률을 정하여 과도한 임대료 인상을 억제"한다며 표준 임대료에 관련된 「주거기본법(의

안 번호: 2101879)」과 「주택임대차보호법(의안 번호: 2101932)」 일부 개정 안을 대표 발의했습니다.

여러분이 대통령이라면?

금방 살핀 두 정책이면 집값은 분명 하향 안정화됩니다(실질 LTV 정책은 정말 강력합니다). 하지만 역시(!) '집값을 하향 안정화하는 정책이 있다는 사실'과 '그것을 정부가 정책으로 채택하여 활용할 수 있다는 사실'은 서로 다른 차원의 문제입니다. 해당 정책을 쓴 결과 문재인 정부가 민심을 잃어 두 정책의 무력화를 공약으로 내건 다른 정치 세력에게 정권을 내어줄 수도 있기 때문입니다.

그리고 제가 지금 편의상 '하향 안정화'라는 표현을 쓰고는 있지만, 두 정책을 사용했을 때 집값이 어느 정도 떨어질지는 그 누구도 알 수가 없습니다. 그것은 오직 신만이 압니다. 하여 모름지기 어떤 정책을 강화할 때는 소금으로 음식 간을 하듯이 조금씩 더해야 하는 법입니다. 이것이 문재인 정부의 부동산 대책이 수십 번에 걸쳐서 나온 또 다른 이유입니다. 물론 앞으로 문재인 정부는 N번 째 부동산 대책을 쓸 수 없습니다.

다시 여러분이 대통령이 되었다고 생각해봅시다. 현재 여러분의 정부가 펼치는 부동산 정책에 관해 국민 대다수가 타박을 하고 있습니다. 집값이 올라 돈을 번 사람들은 '정부가 집값 잡는 정책을 쓴다'며 혼을 내고, 집 없는 이들은 '정부가 집값 잡는 정책을 제대로 못쓴다'

고 쓴소리합니다. 그 와중에 여러분 임기는 1년도 채 남지 않았습니다. 한숨을 푹 내쉬고 집무실 책상 위를 보니 어떤 통계 자료가 하나 놓여 있습니다. "무주택 가구 43.8%, 유주택 가구 56.2%" 여러분이 대통령이라면 집값을 어떻게 하시겠습니까?

본문 곳곳에서 직간접적으로 드러난 것처럼, 저는 문재인 정부의 성공적인 마무리를 바라는 사람입니다. 그런 연유로 3장에 남긴 제언도 문재인 정부 남은 임기 수개월 내에 할 수 있는 것만 단출하게 다루었습니다.

　사실 이 책은 '조금 묵혔다 나온 책'입니다. 저는 애초에 이 책을 4.7 재보궐 선거 전에 출간하려 했습니다. 그런데 본문에 정부의 집값 관리 목표가 '하향 안정화'가 아니라는 것을 논증하는 내용 등이 담겨 있어서, 만에 하나 어떤 식으로라도 선거에 영향을 미칠까 봐 출간을 보류했습니다.

　4.7 재보궐 선거는 야당의 압승으로 끝이 났습니다. 여당은 수도 서울과 제2의 도시 부산 시장 자리를 모두 국민의힘에게 내주었습니다. 여당 주요 인사들은 선거가 끝나는 것과 동시에 '부동산 민심을 잃은 것'을 4.7 재보궐 선거 참패의 주요 원인으로 꼽았습니다. 더 나아가 몇몇 여당 의원들은 마치 때를 기다리라도 한 것처럼 발 빠르게 종합부동산세 완화 법안을 발표했습니다. 이러한 움직임들이 누적되며 5월의 장미가 피기도 전에 '보유세의 힘을 빼야 한다'거나 'LTV 규제를 완화해야 한다'는 등의 여당발 규제 완화 메시지가 세간을 뒤덮었습니다. 저는 의아했습니다. '국민이 화가 난 이유(투표로 여당을 심판한

이유)가 집값이 크게 올라서가 아니라 집값 폭등에 대응하기 위해 주택 담보 대출 등의 규제를 강화해서라고? 이들이 말하는 국민이란 대체 누구일까?'

4월 말, 더불어민주당이 정부의 부동산 정책 전반을 손볼 요량으로 당내에 '부동산특별위원회'라는 조직을 꾸렸습니다. 그리고 5월 27일, 「주택시장 안정을 위한 공급·금융·세제 개선안」이라는 제목의 보고서가 발표되었습니다. 해당 안에 대한 제 한 줄 평은 다음과 같습니다.

'모두에게 욕먹는 안'

가령 이번에 더불어민주당이 발표한 안에는 실수요자의 LTV를 현행 10%p 완화에서 20%p 완화로 10%p 더 확대해주는 내용이 담겨있습니다(실제 이 내용은 발표 후 빠르게 시행되었습니다). 더불어민주당은 해당 보고서를 통해 "주택담보대출 관련 대출 규제가 지속적으로 강화하는 과정에서 실수요자의 내 집 마련이 어려워지는 등 주거 사다리가 약화"되었으므로 "실수요자의 내 집 마련 지원을 확대"한다며 무주택자 주택담보대출 규제 완화의 당위성을 이야기합니다.

그런데 이는 논리적으로 말이 되지 않습니다. 생각해봅시다. 무주택자들 입장에서는 대출을 왕창 받아서 집을 사는 것보다 집값이 떨어져 대출을 조금 받고 집을 사는 게 좋습니다. 무엇보다 지금 무주택자들의 대출 규제를 풀어주는 건 집값이 엄청 오른 바로 이때에 무주택자들에게 '영끌' 막차를 타라는 신호를 보내는 것에 다름 아닙니다. 그리고 지금 무주택자들이 대출을 더 받아서 주택 시장에 몰려오면 집값은 더 오릅니다. 또한 10%p 규모의 대출 규제 완화는 대출 확대를 실제로 바라는 무주택자들에게는 다음의 볼멘소리를 듣기에 딱 좋습니다.

"고작 그 정도 늘려서 누구 코에 붙이라고?!"

보고서에는 "해마다 되풀이되는 1주택자 공제금액 기준에 대한 소모적인 논쟁을 종식시킬 필요"가 있다며 1주택자에 대해서는 상위 2%만 종합부동산세를 부과하자는 내용도 있습니다. 그런데 그렇게 하면 1주택자 공제금액 기준을 10억 원으로 늘려라', '12억 원으로 늘려라'와 같은 논란이 부과 대상을 '1%로 줄여라', '3%로 늘려라' 등으로 변경될 뿐입니다. 또한 종합부동산세를 상위 몇 %에게만 걷는 태도를 취하면 보수 언론 등이 종합부동산세에 덧씌운 징벌적 조세 프레임이 강화됩니다(이 부분이 가장 큰 문제입니다).

    1가구 1주택 종부세 논란의 핵심은 현금흐름이 약한 사람(가령 노인)에게 가혹하다는 것이므로 '납부 유예'로 접근하는 것이 맞습니다. 더불어민주당 부동산특별위원회도 이런 점들이 겸연쩍었던지 각주로 "종합부동산세는 공청회를 통한 공론화 과정과 정부 및 전문가와의 협의를 거쳐서 현행 대로 유지하거나 특위안을 중심으로 대안을 마련"하겠다는 코멘트를 남깁니다.

    이 밖에도 「주택시장 안정을 위한 공급·금융·세제 개선안」에는 초미의 관심사였던 등록임대주택 제도 개선에 관한 내용도 담겨 있습니다. 과연 혜택을 소급하여 폐지하기로 했을까요? 아닙니다. 다만 남은 매입임대 유형(아파트 외 장기임대)도 신규 등록을 받지 않는 것으로 결론을 냈습니다(이 또한 혜택을 소급해서 폐지해야 한다고 주장하는 쪽과 혜택을 그대로 유지해야 한다고 주장하는 쪽 모두에게 타박을 들을 수밖에 없겠지요). 저는 보고서에서 이 내용이 설명된 부분에 빨간색 펜으로 이렇게 적었습니다.

    '여전히 집값을 하향 안정화할 생각 없음'

    실은 이런 각론보다는 '총론적 메시지'가 더 문제입니다. 더불어민주당 보고서에서는 '규제 완화'라는 분명한 방향성이 읽힙니다. 이는 문재인 정부의 지난 부동산 대책 메시지와 정면으로 배치되는 것입니다. 이 책의 1장에서 저는 이런 말을 했습니다. "만약 현 정부의 부동산 대책을 연속극이라고 가정하면, 저는 그걸 1화부터 최신화까지 아주 집중해서 본 소위 '연속극 덕후(부동산 덕후)'입니다."

그런 저에게 이번에 더불어민주당이 내놓은 「주택시장 안정을 위한 공급·금융·세제 개선안」은 '충격 반전'이나 '스토리 파괴'로 다가옵니다. 이를테면 로맨스 드라마에서 A라는 주인공이 14화까지는 B를 사랑했는데, 15화에서 갑자기 C로 갈아탄 상황? 한데 알고 보니 이 드라마는 16화가 끝이고. '뭐야?! 이거 어쩌자는 거야?! 작가 바뀐 거야?!' 현재 제 심경이 딱 그렇습니다.

2차 변곡점에서

저는 이 책을 책상 앞에 앉아서만 쓰지 않았습니다. 이미 말씀드린 것처럼 1장은 2020년 8월 '희년함께'에서 진행한 제 강좌를 보강한 것입니다. 2장과 3장은 그 강좌 이후 2021년 초까지 여러 방송에 출연해 문재인 정부의 부동산 대책에 관해 제가 말한 내용을 윤색한 것입니다. 지금 쓰는 에필로그는 지난 5월 27일 「주택시장 안정을 위한 공급·금융·세제 개선안」이 발표된 이후 답답함 마음을 달래기 위해 SNS에 쓴 글들을 모아 정리했습니다. 이런 사정으로 본문에는 겹따옴표(" ")로 표기된 인용문이 어디에서 왔는지에 대한 설명이 누락된 곳이 많습니다. 그것들은 대부분 정부 보도자료와 신문기사에서 따온 것입니다. 인용문의 출처를 성실히 밝히지 못한 점 송구합니다.

어쩌다 보니 책의 '1장'와 '2, 3장', '에필로그'에 문재인 정부의 부동산 대책 각 마디가 실렸습니다. 이는 두 번의 우연 덕입니다.

일단 희년함께에서 진행한 강좌가 (여당이 과반 의석을 확보한) 2020년 4.15 총선 약 4개월 후에 있었습니다. 그 당시가 문재인 정부 부동산 대책의 첫 번째 변곡점이었습니다(대출 규제에 집중하던 것을 법률 개정으로 방향을 틀었죠). 이에 더해 올해 초에 원고를 마감했으면서도 곧 치러질 4.7 재보궐 선거를 의식해 출간을 미룬 결과, 여당이 정부 부동산 대책의 결을 거꾸로 타는 걸(두 번째 변곡점을) 에필로그에 담을 수 있었습니다.

아직 하고픈 말이 많습니다. 하지만 이 작은 책의 역할은 여기까지입니다. 남은 이야기보따리는 다른 기회에 풀도록 하겠습니다. 끝까지 읽어주셔서 감사합니다.

집값의 딜레마

초판 1쇄 발행 2021년 6월 30일

지은이 구본기

기획·편집 도은주
미디어 마케팅 류정화

펴낸이 윤주용
펴낸곳 초록비책공방

출판등록 2013년 4월 25일 제2013-000130
주소 서울시 마포구 월드컵북로 402 KGIT 센터 921A호
전화 0505-566-5522 팩스 02-6008-1777

메일 jooyongy@daum.net
인스타 @greenrainbooks
포스트 http://post.naver.com/jooyongy
페이스북 http://www.facebook.com/greenrainbook

ISBN 979-11-91266-13-9 (03320)